T0245047

¿POR QUÉ NO PUEDO DEJARTE IR?

Título original: Why Can't I Let You Go? Break Free from Trauma Bonds, End Toxic
               Relationships, and Develop Healthy Attachments
Traducido del inglés por Julia Fernández Treviño
Diseño de portada: Editorial Sirio, S.A.
Maquetación: Toñi F. Castellón

©   de la edición original
     2023 de Michelle Skeen y Kelly Skeen

     Edición publicada mediante acuerdo con New Harbinger Publications Inc.,
     a través de International Editors & Yáñez Co' S.L.

©   fotografías de las autoras
     LisaKeatingPhotography.com

©   de la presente edición
     EDITORIAL SIRIO, S.A.
     C/ Rosa de los Vientos, 64
     Pol. Ind. El Viso
     29006-Málaga
     España

www.editorialsirio.com
sirio@editorialsirio.com

I.S.B.N.: 978-84-19685-93-3
Depósito Legal: MA-2277-2024

Impreso en Imagraf Impresores, S. A.
c/ Nabucco, 14 D - Pol. Alameda
29006 - Málaga

Impreso en España

Puedes seguirnos en Facebook, Twitter, YouTube e Instagram.

 El papel utilizado para la impresión de este libro está **libre de cloro** elemental (ECF) y su procedencia está certificada por una entidad independiente, no gubernamental, que promueve la sostenibilidad de los bosques.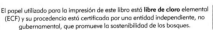

Dra. Michelle Skeen
& Kelly Skeen

¿POR QUÉ NO PUEDO DEJARTE IR?

Libérate de las ataduras del trauma,
rompe con las relaciones tóxicas
y desarrolla vínculos saludables.

EDITORIAL
SIRIO

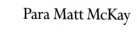

Para Matt McKay

Índice

Introducción

Todo comenzó con una intensidad emocional, y a menudo sexual, instantánea. Desde un principio hubo una urgencia irresistible de fusionarse. Sentiste que conocías a esa persona desde hacía mucho tiempo, te resultaba familiar. Incluso llegaste a creer que por fin *la* habías encontrado. Después se alejó de ti. Comenzó a desvalorizarte, a encontrarte fallos, a culparte por los problemas que había entre vosotros. Te daba una de cal y una de arena: primero no recibía lo suficiente de ti y luego ya tenía demasiado de ti. Cuando llegaste a un punto en el que empezaste a considerar que ya no podías soportar más el abuso, hiciste un movimiento para dar por terminada la relación. Pero entonces recurrió a promesas y disculpas hasta conseguir que te retractaras. Y el ciclo comenzó una vez más. Más adelante te resultó difícil o imposible dejar la relación porque tenías un profundo apego emocional; el mero hecho de imaginarte la vida sin tu pareja te provocaba un gran sufrimiento. Así es una relación basada en un vínculo traumático.

He aquí algunas preguntas que te ayudarán a determinar si tienes una relación basada en un vínculo traumático:

- ¿Te sientes atraído* por un «tipo específico de personas»?
- ¿Sientes una conexión que te resulta familiar?
- ¿Justificas y disculpas el comportamiento que tiene contigo?
- ¿Te das cuenta de que no te expresas abiertamente por miedo al rechazo?
- ¿Notas que estás soportando una conducta que te hace daño?
- ¿Sientes ansiedad o te pones de mal humor cuando no estás con tu pareja?
- ¿Te parece difícil o imposible dar por terminada la relación?
- ¿Te preocupa la posibilidad de perder a esa persona?
- Cuando la relación se acaba, ¿te resulta difícil seguir adelante con tu vida? ¿O cambias de opinión para darle otra oportunidad?

---

* N. de la T.: Por razones prácticas, se ha utilizado el masculino genérico en la traducción del libro. Dada la cantidad de información y datos que contiene, la prioridad al traducir ha sido que la lectora y el lector la reciban de la manera más clara y directa posible.

Si has respondido afirmativamente a varias de estas preguntas, es probable que tu relación afectiva se base en un vínculo traumático.

¿Qué es una relación basada en un vínculo traumático?

Nuestro apego a las personas importantes de nuestra vida comienza en el momento del nacimiento y nuestras relaciones están influenciadas por el temperamento que teníamos cuando éramos niños, por las personas que nos cuidaban y por la interacción que se daba entre ambos factores. Por lo general, un apego sano en la infancia da como resultado una sensación de seguridad en las relaciones: una experiencia de sentirse valorado y una actitud positiva. Por el contrario, un apego que no ha sido saludable da lugar a sentimientos asociados con el abandono, la desconfianza, la ansiedad y la carencia. Estas relaciones tempranas forman las creencias referidas a nuestra propia persona, a los demás y al mundo que nos rodea. Cuando las relaciones de la infancia no son saludables, tienden a distorsionar nuestra visión de las relaciones adultas y terminan por generar una dinámica de relaciones tóxicas.

Cuando somos niños tenemos muy poco control, o ninguno, sobre nuestras relaciones. Por lo tanto, introducir cambios en esas relaciones tempranas resulta imposible. En la infancia dependemos de la persona o personas que han contribuido a formar nuestras creencias fundamentales. Cuando somos adultos tenemos una sensación de poder sobre nosotros mismos y nuestras decisiones. A un nivel consciente o inconsciente, queremos asumir el control de nuestras relaciones. Este deseo nos conduce con frecuencia a un tipo de personas semejantes a las que han causado nuestros vínculos afectivos traumáticos.

En estas relaciones adultas sientes que necesitas a esa persona por una cuestión de seguridad y supervivencia. Te sientes muy conectado con ella por el mero hecho de que este tipo de personas te resultan familiares, como si las conocieras desde hace mucho tiempo. Experimentas una excitación más intensa, que puede parecerse a tener «mariposas en el estómago», esa sensación corporal asociada a la atracción. Cada una de estas relaciones representa un ciclo de la recurrencia del trauma que has experimentado en la infancia. Consciente o inconscientemente, sientes atracción por el mismo tipo de personas, creyendo que eso es lo que te mereces o que en esta ocasión todo será diferente y la persona en cuestión finalmente podrá ver lo que vales y amarte como mereces y anhelas.

Quizás ya seas consciente de tu tendencia a buscar un tipo similar de personas o del hecho de sentirte atraído por situaciones que son una reminiscencia de las condiciones imperantes en tu trauma original. O tal vez estés empezando a darte cuenta de que has estado eligiendo parejas de un modo inconsciente o creando experiencias que te mantienen bloqueado en los patrones vinculados con el trauma vivido en tus años de desarrollo. En cualquiera de los dos casos te expones nuevamente a personas y ambientes que mantienen activado tu trauma original. Este bloqueo te lleva a volver a vivir relaciones basadas en vínculos traumáticos.

A medida que avances en la lectura de este libro y te familiarices con este tipo de relaciones, es probable que experimentes emociones negativas y difíciles de gestionar. Ten mucho cuidado si te encuentras luchando contra ellas, y considera la posibilidad de hablar con un profesional que te ayude a procesar la experiencia. Este libro es solamente una parte de tu camino hacia la sanación.

Analiza tus relaciones basadas en vínculos traumáticos

Antes de empezar, pregúntate por qué has escogido este libro. ¿Hay alguna experiencia particular que te haya traído hasta aquí? A medida que avances en la lectura, ¿qué es lo que esperas aprender de ti mismo? Vamos a allanar el camino para el trabajo que vas a realizar. A lo largo del libro llevarás un diario en el que apuntarás tus experiencias, y desarrollarás las herramientas necesarias para liberarte de vínculos traumáticos, acabar con las relaciones tóxicas y construir apegos sanos.

Encontrarás ejercicios y preguntas que te permitirán reflexionar sobre lo que estás leyendo. Los ejercicios se han diseñado para ayudarte a aplicar los conceptos y practicar las habilidades, mientras que las preguntas están concebidas para ofrecerte la opción de reflexionar un poco más sobre tu experiencia, independientemente de que sea al mismo tiempo que completas los ejercicios o en un momento posterior cuando vuelvas al libro. Este es un buen sitio para empezar. Apunta en tu diario las respuestas a las preguntas formuladas anteriormente.

Vamos a ver qué es lo que escribió Casey:

Mi relación más reciente me permitió darme cuenta de que lucho por tener apegos sanos. Quiero entender la razón por la cual me resulta tan difícil conseguirlo y cómo puedo avanzar de la mejor manera posible. Racionalmente sé que merezco un amor real y que la persona adecuada llegará a mi vida cuando esté preparada y haya hecho mi trabajo. De modo que cuando conocí a mi ex más reciente, casi de inmediato sentí que lo conocía desde hacía años. Nos acostamos rápidamente porque así lo sentimos. Yo tenía la sensación de que por fin «lo» había encontrado. Todas las malas relaciones y decepciones del pasado súbitamente cobraron sentido, porque en aquel momento sentí que estaba a punto de recibir una recompensa por haber soportado todo lo anterior. Con todas mis parejas las cosas siempre funcionaron muy bien durante un mes o dos, o al menos eso es lo que yo creía. Al cabo de este tiempo comenzaba a sentir un cambio en ellos, un cambio que al principio era sutil. En esta última relación, él también comenzó a cancelar los planes que habíamos hecho juntos y a tardar más de lo habitual en responder a mis llamadas y mensajes de texto. Yo ignoraba si este cambio estaba en mi cabeza o era real. ¿Era esto normal después de un inicio tan apasionado? Cuando ahora miro hacia atrás, comprendo que aunque la consideraba una relación amorosa, en realidad no habíamos hablado de exclusividad. No coincidíamos en las expectativas que teníamos sobre la relación: al parecer yo tenía una idea muy diferente de lo que había entre nosotros. No saber exactamente lo que sentía por mí estaba empezando a producirme pánico. Todas mis exparejas comenzaban a alejarse de mí, hasta que finalmente daban por terminada la relación de una manera bastante cruel. Sigo sin entender por qué estas relaciones me parecieron tan buenas al principio y cómo pude haberlas juzgado de un modo tan equivocado. ¡Esta última relación terminó finalmente de la misma forma que habían concluido muchas de mis relaciones en el pasado! Me di cuenta de que me siento atraída por personas que terminan por alejarse de mí. Todo esto me ha dejado la sensación de que hay algo en mí que no funciona bien. Quiero llegar a entender por qué sigo relacionándome con personas que me abandonan.

¿Te identificas en algún sentido con la experiencia de Casey? ¿Tal vez estés viviendo una relación basada en un vínculo traumático de la que no puedes salir? ¿O has tenido una sucesión de este tipo de relaciones? Si es así, la siguiente situación podría resultarte familiar.

Esto es lo que Kay quiso expresar sobre sus relaciones basadas en vínculos traumáticos:

He tenido una relación de cuatro años con una persona con la que me sentía muy a gusto, en el sentido de que me resultaba muy familiar. Durante mi infancia y adolescencia jamás recibí ningún apoyo positivo, palabras de aliento ni expresiones de amor. Ni siquiera en mis recuerdos más tempranos aparece la imagen de mis padres diciéndome que me querían. Quizás se tratara de un amor severo. Sí recibí apoyo y ánimo de algunos de mis amigos, maestros y jefes, pero eso de ninguna manera consiguió sustituir lo que me había faltado en mi propia familia.

Ha pasado el tiempo y ahora estoy viviendo con alguien que me trata exactamente igual a como me trataban mis padres. A lo largo de los años he salido con algunas personas que me halagaban y me expresaban sentimientos positivos que me hacían sentir segura. Sin embargo, las rechacé probablemente porque no me resultaban familiares, aunque también es posible que pensara que no las merecía. Pero ahora estoy empezando a sentir que me merezco más de lo que estoy recibiendo. Y la negatividad me ha pasado factura. Creo que estoy en una relación que está basada en un vínculo traumático, me siento atrapada y necesito ayuda para salir de ella.

Si estás viviendo un ciclo de citas tóxico, igual que Casey, o te encuentras atrapado en una relación basada en un vínculo traumático, como Kay, este libro es para ti.

Acerca de este libro

Entenderte a ti mismo e identificar creencias profundamente arraigadas que a menudo son inconscientes, es el primer paso para liberarte de las relaciones tóxicas. En el capítulo uno encontrarás explicaciones detalladas sobre los estilos de apego y también una evaluación para determinar cuál es el tuyo. Conseguirás comprender determinadas experiencias afectivas basadas en vínculos traumáticos que tuvieron lugar en tu infancia y que sentaron las bases para las relaciones tóxicas de tu vida actual. Esto te ofrecerá un contexto para la trampa de la relación tóxica que estás viviendo. Con la ayuda de una evaluación que consta de nueve elementos también podrás comprender mejor tu temperamento. Este es otro componente primordial de tu dinámica interpersonal. Comenzarás a tomar conciencia de todas las cosas que estaban fuera de tu control en tus años de desarrollo. Este descubrimiento te permitirá deshacerte de tu falta de confianza en ti mismo y de la vergüenza con la que probablemente has estado viviendo durante años.

Al leer el capítulo dos llegarás a comprender tu forma de ser de una nueva manera a través de la lente de tus creencias fundamentales. Completarás las autoevaluaciones sobre las siete creencias fundamentales que están más asociadas con las relaciones basadas en vínculos traumáticos. Las creencias fundamentales que prepararon el terreno para las relaciones tóxicas incluyen el abandono, la privación emocional, la imperfección, la desconfianza y el maltrato, la dependencia, el sometimiento y el fracaso. Estas creencias se ilustran con historias en el capítulo dos y a lo largo de todo el libro. Es probable que te reconozcas en algunas de dichas historias; te permitirán darte cuenta de que no estás solo en tu lucha personal. Al final del capítulo dos llegarás a entender mucho mejor lo que te ha estado impulsando a tomar determinadas decisiones en tus relaciones afectivas. También sentirás una mayor compasión por ese niño que hay en ti, que soportó las experiencias interpersonales que han originado tus creencias fundamentales.

El capítulo tres te ayudará a asociar tus creencias fundamentales con tus conductas y con las elecciones de tus relaciones amorosas. A través del proceso de identificar tus conductas comenzarás a entender por qué te están causando un sufrimiento adicional. Estos primeros tres capítulos te llevan a hacer un análisis de tu pasado que puede desencadenar malestar emocional. Sin embargo, es importante que analices tu pasado para entenderlo y dejar atrás las creencias y conductas que ya no te sirven. Este es un paso esencial para seguir avanzando en tu camino hacia la vida y el amor sano que te mereces.

En el capítulo cuatro se revisarán nuevamente las conductas que no te ayudan a superar el problema (conductas que ya has identificado en el capítulo tres) y se te ayudará a reconocer los «tipos» familiares de personas por los que te sientes atraído debido a tu trauma emocional. Conseguirás comprender mejor por qué tienes una tendencia a involucrarte en una dinámica relacional semejante a la que experimentaste en la infancia y la adolescencia. Estos tipos de personas incluyen a las que te abandonan, te controlan, te maltratan, te critican, te despojan y te dejan desolado. En este capítulo se expondrán las estrategias manipuladoras que pueden utilizar, de qué manera atacan tus puntos débiles y el motivo por el cual la dinámica relacional os mantiene a ambos estancados en una relación basada en vínculos traumáticos.

El capítulo cinco aborda un aspecto muy importante de las relaciones basadas en vínculos traumáticos: la intensidad. En este capítulo conseguirás entender mejor las cualidades adictivas inherentes a este tipo de relaciones. Una excitación intensa y un alto riesgo a menudo se confunden con una gran «química» e intimidad. La realidad es que esos sentimientos intensos con frecuencia predicen un gran nivel de drama, conflicto y traición, combinados con reconciliaciones apasionadas. Una relación basada en un vínculo traumático es intensa, adictiva e insana. Existe un marcado contraste con las cualidades inherentes a una intimidad saludable en la que imperan la confianza, el respeto mutuo y la seguridad. Entender la diferencia que hay entre los dos tipos de relaciones te brindará el conocimiento necesario para que puedas tomar decisiones sanas.

En el capítulo seis identificarás tus valores, incluyendo lo que aprecias específicamente en una relación, y compararás dichos valores con los que tienes en tu relación actual o en la más reciente. Una vez que percibes la «brecha» que existe entre ellos, aprenderás y aplicarás las herramientas cognitivas y conductuales que te ayudarán a reducir dicha brecha y posteriormente cerrarla. Reconocer la diferencia entre el sitio donde te encuentras y el lugar en el que quieres estar es una experiencia intensa. Y todavía lo es más cuando consigues reducir la brecha hasta llegar a eliminarla.

En el capítulo siete se trata el tema de las habilidades de comunicación sanas. Aquí identificarás los obstáculos que te impiden mantener una comunicación eficaz y aprenderás las habilidades de comunicación que te ayudarán a concluir el ciclo de comunicación tóxica.

El capítulo ocho destaca la importancia y el poder del mindfulness para permanecer en el momento presente. La práctica del mindfulness te ayudará a terminar con conductas automáticas inútiles que son el resultado de situaciones que te impulsan a la acción y de dinámicas que te mantienen bloqueado en relaciones basadas en vínculos traumáticos y relaciones tóxicas.

En el capítulo nueve conocerás herramientas que te ayudarán a afrontar el dolor de la pérdida que surge cuando te liberas de relaciones tóxicas. Utilizamos un enfoque basado en la terapia de aceptación y compromiso para que proceses el duelo y la nostalgia que acompañan al fin de cualquier relación, incluso una que esté basada en vínculos traumáticos.

En el capítulo diez aprenderás estrategias para identificar parejas potenciales, y también sugerencias y herramientas que te guiarán a través de los estadios tempranos de las citas, en los que la mayoría de las personas pueden tropezar con factores desencadenantes y trampas.

En el capítulo final encontrarás un mapa para mantenerte en el camino de crear y vivir la vida que te mereces.

Este proceso no resultará fácil, pero con el tiempo advertirás que es más sencillo y menos penoso que los dolores de cabeza, las heridas y la falta de confianza en ti mismo que has estado soportando durante años. Con mayor conocimiento y autocompasión te rendirás a la creencia de que mereces tener relaciones amorosas sanas y una vida basada en tus propios valores.

Y en este proceso no estarás solo. Vamos a empezar juntos tu nuevo camino.

CAPÍTULO 1

Conoce cuál es tu estilo de apego y tu temperamento

Un ambiente que ofrece a un niño seguridad y amor generará con toda certeza un apego seguro entre el niño y su cuidador y, finalmente, también con otras personas de su vida. Por desgracia, la investigación sugiere que aproximadamente el cincuenta por ciento de los niños no desarrollan un apego seguro. Si estás leyendo este libro, lo más probable es que hayas tenido un estilo de apego diferente, pero no ha sido tu culpa. Tus experiencias infantiles crean un relato que resuena a lo largo de tu vida.

Este capítulo se centra en el temperamento y los estilos de apego que, junto con las creencias fundamentales (el tema del capítulo dos), sentarán las bases para conocerte un poco más y entender tus relaciones tóxicas, tus vínculos traumáticos y tus apegos no saludables. Aunque ya seas consciente de tu estilo de apego, te animamos a que leas este capítulo y completes la evaluación. También es posible que conozcas bien tu temperamento, pero con frecuencia estas partes de nosotros mismos operan de manera inconsciente. Con esta información, conocerás herramientas que te ayudarán a que tus preferencias estén más alineadas con tus valores y con lo que tú mereces.

Estilos de apego

Hay tres estilos de apego básicos: seguro, ansioso y evitativo. A una persona con un apego seguro le resultará relativamente fácil intimar con otras. Se siente cómoda dependiendo de los demás y consiguiendo que los demás dependan de ella. No tiende a preocuparse por la posibilidad de que la abandonen ni tampoco porque alguien se acerque demasiado a ella.

Si tu estilo de apego es ansioso, tendrás la sensación de que otras personas son reacias a tener contigo una relación tan cercana como la que tú deseas. Te preocupa que tu pareja no te quiera de verdad o no desee seguir a tu lado. Tu deseo de fundirte completamente con otra persona suele alejar a los demás.

Tienes un estilo de apego evitativo si te sientes incómodo al mantener una relación íntima. Te resulta difícil confiar completamente en otras personas y, por lo tanto, te cuesta permitirte a ti mismo depender de ellas. Te pones nervioso cuando alguien se te acerca demasiado. No te sientes cómodo cuando hay demasiada intimidad.

Gracias a estas descripciones podrías conocer mejor tu estilo de apego; sin embargo, las siguientes afirmaciones del cuestionario de apego adulto, adaptado de Simpson, Rholes y Phillips (1996), te aclararán un poco más tu nivel de ansiedad, dependencia e intimidad.

Utilizando la siguiente escala, coloca una puntuación de entre 1 y 5 junto a cada afirmación.

1 ——————— 2 —————— 3 ————— 4 ————— 5

No es
característico
de mí en
absoluto

Es muy
característico
de mí

1. Me resulta relativamente fácil acercarme a otras personas. _____

2. Me resulta difícil entregarme y depender de los demás. _____

3. Con frecuencia me preocupa la posibilidad de que las otras personas no me quieran de verdad. _____

4. Creo que los demás no están dispuestos a intimar conmigo como me gustaría. _____

5. Me siento cómodo dependiendo de los demás. _____

6. No me preocupa que las personas se acerquen demasiado a mí. _____

7. Creo que la gente nunca está disponible cuando la necesitas. _____

8. Me siento un poco incómodo cuando tengo una relación muy cercana con otras personas. _____

9. Con frecuencia me preocupa que los demás no quieran quedarse a mi lado. _____

10. Cuando expreso mis sentimientos por otras personas tengo miedo de que no sientan lo mismo por mí. _____

11. Con frecuencia me pregunto si las otras personas se interesan realmente por mí. _____

12. Me siento cómodo creando relaciones cercanas. _____

13. Me siento incómodo cuando alguien se siente emocionalmente muy cercano a mí. _____

14. Sé que podré contar con los demás cuando los necesite. _____

15. Quiero acercarme a otras personas, pero me preocupa que puedan hacerme daño. _____

16. Me resulta difícil confiar plenamente en alguien. _____

17. Los demás suelen querer que me implique más emocionalmente de lo que a mí me resulta cómodo. _____

18. No estoy seguro de poder contar con las personas cuando las necesito. _____

Ahora vamos a ocuparnos del estilo de apego ansioso.

Tu *estilo de apego es ansioso* si has marcado las afirmaciones 3, 4, 9,10, 11 y 15 en la parte alta (3 a 5) de la escala.

Conozcamos a Camila. Tiene veintiocho años y nació en los Estados Unidos después de que sus padres emigraran de la República Dominicana. Los recuerdos que tiene de su padre son muy borrosos porque fue deportado cuando Camila tenía tres años. Su madre era muy cariñosa con ella, pero tenía tres trabajos para poder vivir y además enviar dinero a sus familiares que residían en la República Dominicana. Pertenecían a una comunidad muy unida formada por otros inmigrantes de su mismo país que vivían cerca de su casa en Newark. Los padres y otros miembros de las familias compartían el cuidado de los niños cuando estos volvían del colegio. No obstante, eran principalmente los niños mayores los que se hacían cargo de los más pequeños. La madre de Camila era muy cariñosa y le prestaba mucha atención cuando estaba con ella. Aunque esto era muy tranquilizador para la niña, no era suficiente. Camila sentía ansiedad cuando no estaba con su madre. Necesitaba más apoyo emocional, más afecto físico y más consuelo del que su madre podía ofrecerle.

Camila obtuvo una puntuación alta en las afirmaciones 3 (*Con frecuencia me preocupa la posibilidad de que las otras personas no me quieran de verdad*), 9 (*Con frecuencia me preocupa que los demás no quieran quedarse a mi lado*) y 11 (*Con frecuencia me pregunto si las otras personas se interesan realmente por mí*). Las puntuaciones altas en estas afirmaciones indican que Camila tiene un estilo de apego ansioso. En los próximos capítulos veremos de qué manera su estilo de apego interactúa con sus creencias fundamentales y su temperamento, para crear y reforzar relaciones basadas en vínculos traumáticos.

A continuación veremos la puntuación que caracteriza a un estilo de apego evitativo.

Tu *estilo de apego es evitativo* si has marcado las afirmaciones 1, 5, 6, 12 y 14 en la parte baja (1 a 3) de la escala y 2, 7, 8, 13, 16, 17 y 18 en la parte alta (3 a 5) de la escala.

Ahora vamos a conocer a alguien que tiene un estilo de apego evitativo. Su nombre es Ian. Después de su nacimiento, su madre sufrió una depresión posparto que no fue diagnosticada. Algunos días ni siquiera podía levantarse de la cama porque se agobiaba fácilmente. Sentía una profunda tristeza que le dificultaba establecer un vínculo con su bebé. El padre de Ian se ocupaba cariñosamente de él cuando no estaba trabajando, pero con frecuencia se sentía desbordado por tener que cuidar no solamente al bebé sino también a la madre. Por fortuna, su situación económica le permitió contratar a una persona que se ocupara de la casa, de Ian y de su esposa cuando estaba en el trabajo. Evidentemente, esta fue una experiencia muy dolorosa para todos los miembros de la familia.

La puntuación de Ian pone de manifiesto su conflicto. Obtuvo una puntuación baja en las afirmaciones 1 (*Me resulta relativamente fácil acercarme a otras personas*), 5 (*Me siento cómodo dependiendo de los demás*) y 12 (*Me siento cómodo creando relaciones cercanas con otras personas*). Obtuvo una puntuación alta en las afirmaciones 2 (*Me resulta difícil entregarme y depender de los demás*), 8 (*Me siento un poco incómodo cuando tengo una relación muy cercana con otras personas*), 13 (*Me siento incómodo cuando alguien se siente emocionalmente muy cercano a mí*) y 17 (*Los demás suelen querer que me implique más emocionalmente de lo que a mí me resulta cómodo*).

Si tu puntuación indica un estilo de apego ansioso, podrías ser consciente de las dificultades que implica tener una relación con una persona que tiene un estilo de apego evitativo. De hecho, esta combinación suele dar lugar a relaciones basadas en vínculos traumáticos. Es importante tener en cuenta esta experiencia y también que los individuos que tienen apego evitativo no constituyen un grupo tóxico. Como verás en los próximos dos capítulos, las personas son más complejas que su estilo de apego. En otras palabras, es posible tener una relación con alguien que tiene un estilo de apego evitativo sin que se genere un vínculo traumático.

Finalmente, vamos a ocuparnos del estilo de apego seguro.

Tienes un *estilo de apego seguro* si eres capaz de mantener relaciones cercanas y depender de los demás.

Si has marcado las afirmaciones 1, 6 y 12 en la parte alta (3 a 5) de la escala, y 8, 13 y 17 en la parte baja (1 a 3), eres capaz de tener relaciones cercanas.

Si has marcado las afirmaciones 5 y 14 en la parte alta (3 a 5) de la escala, y 2, 7, 16 y 18 en la parte baja (1 a 3), eres capaz de depender de otras personas.

Ahora vamos a conocer a Aryan. Se crio en Washington D. C., en una familia muy unida de cuatro miembros. Tenía un hermano cuatro años mayor, que murió en un accidente cuando ambos eran adolescentes. Aryan y su hermano tenían una relación muy estrecha y Aryan confiaba plenamente en él. Su hermano era cariñoso, y ambos fueron criados por dos madres que les brindaban su amor y apoyo.

Como cabía esperar según su perfil, Aryan obtuvo una puntuación alta en las afirmaciones 1 (*Me resulta relativamente fácil acercarme a otras personas*), 6 (*No me preocupa que las personas se acerquen demasiado a mí*) y 12 (*Me siento cómodo creando relaciones cercanas con otras personas*). Esto indica que es capaz de mantener relaciones íntimas. También obtuvo una puntuación alta en la afirmación 5 (*Me siento cómodo dependiendo de los demás*). Aryan tiene un estilo de apego seguro y es capaz de mantener relaciones íntimas y depender de otras personas.

Es posible que te estés preguntando por qué alguien con un estilo de apego seguro se utiliza como ejemplo en un libro sobre vínculos traumáticos y relaciones tóxicas. ¡Buena observación! El estilo de apego es un indicador de la elección y la dinámica de las relaciones, pero no es el único factor en juego. En el próximo capítulo aprenderás que la presencia de una o más creencias fundamentales se añade a la complejidad de nuestras relaciones. En el capítulo dos conocerás un poco más a Aryan y sus vínculos traumáticos.

Ahora que has identificado tu estilo de apego, vamos a hacer un ejercicio diseñado para tomar conciencia de las experiencias que han contribuido a formarlo. Compartiremos las percepciones de Camila, Ian y Aryan que pueden servirte de ayuda a la hora de analizar tu propio estilo de apego.

Afirmaciones sobre el estilo de apego

Apunta las emociones, los pensamientos y los recuerdos que han suscitado cada una de las afirmaciones más relevantes de tus resultados.

A continuación veremos las afirmaciones de Camila y las reacciones asociadas a ellas:

3. Con frecuencia me preocupa la posibilidad de que las otras personas no me quieran de verdad. *Me sentí querida por mi madre, pero nunca me sentí realmente querida por mi padre. Hablábamos con frecuencia por teléfono y me enviaba tarjetas en ocasiones especiales. Yo era una niña pequeña que no comprendía la complejidad de la deportación y de la inmigración y pensaba que si mi padre realmente me hubiera querido, viviría con mi madre y conmigo.*

9. Con frecuencia me preocupa que los demás no quieran quedarse a mi lado. *Esto también se relaciona con mi padre. Si él no se quedaba junto a mí, su única hija, ¿cómo podía esperar que otra persona quisiera hacerlo? Y a pesar de saber que mi madre tenía que ir a trabajar porque era el sustento material de toda la familia, tenía una ligera sensación de que no quería estar conmigo.*

11. Con frecuencia me pregunto si las otras personas se interesan realmente por mí. *Cuando era pequeña, al salir del colegio me quedaba con otros miembros de nuestra comunidad de inmigrantes dominicanos. Estábamos muy unidos y ellos*

me cuidaban. Sin embargo, los otros adultos también tenían que ocuparse de ganar dinero suficiente para mantener a sus familias, de manera que no disfrutaban del lujo de poder pasar más tiempo con los niños. Yo me encariñaba rápidamente con los maestros de mi escuela, pero como los cambiaban cada año nunca pude tener relaciones estables. Supongo que eso me dejó la sensación de que las personas estaban conmigo por obligación, y no porque yo les importara realmente.

A continuación veremos algunas de las afirmaciones de Ian y las reacciones asociadas a ellas:

2. Me resulta difícil entregarme y depender de los demás. *Desde que puedo recordar, nunca sentí que podía esperar que alguien estuviera disponible para mí todo el tiempo. Si bien mi madre estuvo físicamente presente, a nivel emocional tenía un cartel de «No molestar» en todo momento. Mi padre me quería, pero durante la semana trabajaba y luego tenía que repartirse entre mi madre y yo. Yo tenía la sensación de que no podía pedirles mucho a ninguno de los dos.*

8. Me siento un poco incómodo cuando tengo una relación muy cercana con otras personas. *Tener una relación muy próxima con los demás no me resulta familiar, y por eso no me siento a gusto. A lo largo de mi niñez y adolescencia no tuve ningún amigo íntimo porque me sentía avergonzado por mi situación familiar.*

13. Me siento incómodo cuando alguien se siente emocionalmente muy cercano a mí. *Si poder tener un vínculo*

emocional cercano es una habilidad, yo nunca la aprendí. Nunca aprendí a recibir cariño ni a darlo.

17. Los demás suelen querer que me implique más emocionalmente de lo que a mí me resulta cómodo. *Esto se relaciona con la afirmación previa. No sé cómo mantener una relación cercana.*

He aquí las afirmaciones de Aryan y las reacciones relacionadas con ellas:

1. Me resulta relativamente fácil acercarme a otras personas. *Durante mi niñez y adolescencia tuve una relación muy estrecha con mi hermano mayor y mis dos madres. Me sentía seguro con ellos.*

5. Me siento cómodo dependiendo de los demás. *Yo dependía mucho de mi hermano mayor. Me llevaba cuatro años y siempre me protegía y me aconsejaba. Desde que ya no está, no me siento capaz de tomar decisiones por mi cuenta. Tiendo a confiar más en otras personas que en mí. En mi relación actual esto se ha convertido en un problema, porque me siento dominado por una pareja que toma decisiones sobre todos los aspectos de nuestra vida en común. Yo no puedo expresar mis opiniones ni mis sentimientos. Ahora me doy cuenta de que soy muy infeliz y me siento atrapado en esta relación.*

6. No me preocupa que las personas se acerquen demasiado a mí. *Yo estaba muy unido a mi hermano y a mis madres, y nunca tuve ningún problema con quienes querían estar conmigo.*

12. Me siento cómodo creando relaciones cercanas con otras personas. *No solo me siento cómodo creando relaciones cercanas con otras personas, sino que necesito este tipo de relaciones para sentirme seguro.*

¿Alguna de las emociones, pensamientos o recuerdos de Camila, Ian o Aryan te recuerdan a tu propia experiencia? Tómate un momento para reflexionar sobre las afirmaciones del cuestionario que te parecieron más importantes y sobre las emociones, pensamientos y recuerdos que te han suscitado. ¿Qué es lo que sientes al conectar tus experiencias infantiles con tu estilo de apego? ¿Te aclara algunas cosas o te hace sentir nervioso o intimidado por tener que confrontarte con lo que sale a la luz? Todos los sentimientos son válidos. Apunta tus reflexiones en tu diario si te sientes inspirado.

Así explicaba Camila lo que experimentó al conectar sus experiencias infantiles con su estilo de apego: *Me hizo revivir los sentimientos que tenía cuando era una niña. Creo que a medida que crecía mi historia infantil y familiar se separó de las emociones que había experimentado en aquellas circunstancias. Siempre pensé que mi novia era la que provocaba mis intensas reacciones emocionales. Ahora empiezo a entender que gran parte de dichas experiencias y emociones en realidad estaban vinculadas con mi infancia.*

He aquí lo que comentó Ian: *No me había dado cuenta de hasta qué punto no aprendí nada de las relaciones durante mi infancia y mi adolescencia. No es que no quiera tener relaciones cercanas con otras personas, depender de ellas o dejar que se acerquen a mí; el problema es que no sé cómo hacerlo. Nunca lo conseguí, y ahora pienso que quizás lo estoy evitando para no sentirlo como un fracaso.*

Ahora vamos a ver qué es lo que dijo Aryan: *Me recordó un tiempo maravilloso de mi vida en el que estábamos todos juntos y me sentía amado y seguro. Todo esto me provoca una mezcla de emociones porque sé que fui muy afortunado de crecer en ese ambiente. Por desgracia, todo cambió con la muerte de mi hermano.*

Tomar conciencia de tu estilo de apego es uno de los muchos pasos que debes dar en tu camino para alcanzar un mayor conocimiento de ti mismo. Esta información no tiene el objetivo de acrecentar tu sensación de vergüenza, sino de sentar las bases para que puedas percibir que tus relaciones están basadas en vínculos traumáticos. Repetimos una vez más que los apegos se forman a través de las interacciones entre un niño y sus cuidadores. Por lo tanto, tu estilo de apego es el resultado de factores que estaban fuera de tu control. La relación que tus cuidadores tenían contigo ha influido en las posteriores relaciones de tu vida y ha tenido un fuerte impacto en tus relaciones adultas. Esa relación primaria creó un guion, un relato que ha predeterminado tus relaciones posteriores. No obstante, como adulto puedes controlar el guion y cambiar el relato. Sacar a la luz tu historia personal, ver de qué manera está influyendo en tus relaciones actuales y comprender por qué a veces te relacionas con personas tóxicas son requisitos imprescindibles para el cambio y también es lo que te *permite* cambiar.

Nuestro estilo de apego afecta a la forma de gestionar los conflictos que surgen en las relaciones, los sentimientos relacionados con el sexo y las expectativas en las relaciones íntimas. Pero el hecho de que hayas estado relacionándote con los demás de una manera que es específica de tu estilo de apego no significa que no seas capaz de cambiar. En realidad, tomar conciencia de tus conductas inconscientes supone avanzar en el camino que te facilitará relacionarte de otro modo con los demás y contigo mismo, con el propósito de acercarte al amor, la confianza y la seguridad que deseas y mereces (Simpson *et al.* 1996).

¿Cómo te sientes después de haber respondido a este cuestionario? ¿Te identificas con los resultados? ¿Hubo algo que te sorprendiera? ¿Tienes las cosas más claras sobre tu historia personal? Tómate el tiempo necesario para reflexionar sobre los resultados que has obtenido.

Temperamento

Tu estilo de apego no es el único elemento que influye en tus relaciones adultas. Además de los aspectos ambientales que contribuyen al desarrollo de los estilos de apego, las creencias fundamentales desempeñan una función esencial. El temperamento emocional de un niño es importante para comprender sus reacciones emocionales ante experiencias que desencadenan creencias fundamentales. Cada niño nace con una personalidad característica —tímido, dinámico, sensible, audaz, tranquilo, ansioso, pasivo, sociable, alegre, agresivo…— y estos rasgos de personalidad dan como resultado una variedad de respuestas frente a su entorno, incluidas sus relaciones con otras personas (*BetterHelp Editorial Team*, 2023). El temperamento emocional de un niño interactúa con los eventos dolorosos de su infancia que generan creencias fundamentales, y reacciona ante ellos. Con el paso del tiempo las reacciones frente a factores desencadenantes se fijan y, como consecuencia, refuerzan las creencias fundamentales. En el capítulo tres analizaremos más profundamente las conductas de afrontamiento de escasa utilidad que resultan de la interacción del temperamento, las creencias fundamentales y el estilo de apego.

El temperamento se puede entender como un tipo de personalidad con el cual has nacido o hacia el que tienes una predisposición. Tiene una función en la forma en que experimentas tu vida y también en cómo reaccionas frente a los demás. En un esfuerzo por comprenderte mejor, incluidas tus reacciones frente a eventos que desencadenan emociones intensas, hemos adaptado la investigación sobre el temperamento de los psicólogos Chess y Thomas (1996), que aborda el elemento «natural» de la compleja interacción entre «naturaleza» y «crianza» (lo innato y lo adquirido). Chess y Thomas investigaron las nueve características que componen nuestro temperamento: nivel de actividad, distracción, umbral de respuesta emocional, ritmo y regularidad, reacción inicial frente a estímulos o situaciones nuevas, adaptabilidad, sensibilidad sensorial, capacidad de atención y disposición de ánimo. Cuando leas información sobre las nueve características que componen nuestro temperamento, toma notas en tu diario indicando cuáles de ellas podrías adjudicarte. No existen respuestas correctas ni incorrectas. Este listado se ha diseñado para ayudarte a tener más conciencia de ti mismo y de tus experiencias (Bidjerano 2011).

Hemos creado una escala Likert del 1 al 5. Después de nombrar cada característica compartiremos las respuestas de Ian, Aryan y Camila, para que puedas ver de qué forma confluyen los tres componentes fundacionales que estamos evaluando en estos dos primeros capítulos. Al final de la evaluación ofreceremos un resumen de los tres.

1. Nivel de actividad

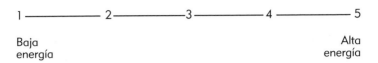

¿Te identificas como una persona con baja energía, alta energía o en algún punto entre ambas opciones? Describe tu nivel de energía en tu diario.

- Camila seleccionó la puntuación de 5 en esta escala. Y esto es lo que escribió en su diario: *Tengo un nivel alto de energía.*
- Ian marcó un 4 en la escala y escribió lo siguiente: *Ahora que soy adulto tengo un nivel de energía bastante alto, pero cuando estaba en mis años de desarrollo no me sentía capaz de expresar plenamente mi energía en el ambiente que me rodeaba.*
- Aryan se adjudicó un 3. Y esto es lo que escribió: *Creo que tengo un nivel normal de energía. Puedo aumentarla para estar a la altura de las circunstancias cuando una ocasión requiere mucha energía, pero me siento a gusto haciendo las cosas con tranquilidad.*

2. Distracción

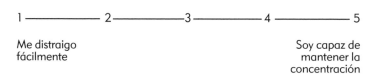

1 ———————— 2 —————— 3 ————— 4 ——————— 5

Me distraigo
fácilmente

Soy capaz de
mantener la
concentración

¿Te distraes con facilidad aun cuando estás haciendo algo que te interesa? ¿Eres capaz de mantener la concentración incluso con una tarea aburrida? ¿O estás en algún punto entre esas dos opciones? Escribe algo al respecto en tu diario.

- Camila marcó un 4 en esta pregunta. Y he aquí lo que escribió: *Puedo mantener un alto nivel de concentración. Es una característica maravillosa para mi profesión, pero tiende a ser problemática en mis relaciones.*
- Ian se adjudicó un 3 en la característica «distracción». Escribió: *No me distraigo fácilmente, pero no tengo una gran capacidad de concentración.*
- Aryan indicó un 2. Y escribió en su diario: *Me resulta difícil mantener la concentración. Me distraigo con facilidad.*

3. Umbral de respuesta emocional

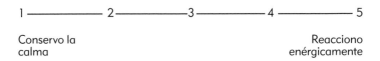

1 —————— 2 —————— 3 —————— 4 —————— 5

Conservo la
calma

Reacciono
enérgicamente

¿Eres capaz de mantener la calma cuando te enfrentas a una situación complicada o desagradable? ¿Tienes problemas para controlar tus respuestas emocionales? ¿O te encuentras en algún punto entre ambas opciones? Apunta tu respuesta en tu diario.

- Camila se adjudicó un 4. Escribió: *Reacciono enérgicamente cuando me encuentro en una situación complicada. Esta ha sido la causa de muchos problemas en mis relaciones.*
- Ian se identificó con un 1. Y he aquí lo que escribió en su diario: *Soy capaz de mantener la calma cuando me encuentro en una situación molesta o complicada. Siento que he sido condicionado para mantenerme tranquilo porque mi madre era incapaz de gestionar mis respuestas emocionales.*
- Aryan se identificó con un 3. Y escribió: *Creo que tengo respuestas muy normales frente a diferentes situaciones. Si estas son menos personales puedo conservar la calma; pero cuando son más personales puedo reaccionar más emocionalmente.*

4. Ritmo y regularidad

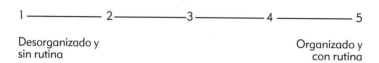

1 —————— 2 —————— 3 —————— 4 —————— 5

Desorganizado y
sin rutina

Organizado y
con rutina

¿Necesitas tener una rutina y una vida organizada, y te molesta cuando se produce un cambio? ¿Prefieres llevar una vida desorganizada? ¿O estás en algún punto entre ambas opciones? Escribe sobre esto en tu diario.

- Camila se identificó con un 2. Esta fue su respuesta: *No soy muy buena organizando mi vida. Me resulta muy difícil atenerme a una rutina.*
- Ian se adjudicó un 4. Apuntó en su diario: *Durante mi infancia y mi adolescencia mi vida era muy organizada gracias a mi entorno familiar.*
- Aryan marcó un 5. Apuntó en su diario: *Tener una vida organizada y llevar una rutina es muy importante para mí. Me gusta que mi vida sea predecible.*

5. Sensibilidad sensorial

1 ———————— 2 ——————— 3 ——————— 4 ——————— 5

No reacciono
cuando los
estímulos cambian

Reacciono
enérgicamente
cuando los
estímulos
cambian

¿Eres sensible a los cambios de estímulos que se producen en tu entorno o permaneces indiferente? Escribe sobre tus reacciones frente a los cambios de estímulos en tu entorno.

- Camila marcó un 3. Escribió: *Me siento bien cuando los estímulos cambian; de hecho, me gusta que así sea.*
- Ian se identificó con un 3. Su respuesta fue: *Creo que tengo reacciones normales cuando cambian los estímulos en mi entorno.*
- Aryan marcó un 5. Apuntó en su diario: *Reacciono muy enérgicamente frente a los cambios de estímulos en mi entorno. Vuelvo a decir que me gusta que mi vida sea predecible, y eso incluye que no me agrada que los estímulos en mi entorno cambien, por eso trato de evitarlo.*

6. Reacción inicial frente a estímulos o situaciones nuevas

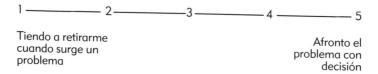

1 ————— 2 —————3 ————— 4 ————— 5

Tiendo a retirarme
cuando surge un
problema

Afronto el
problema con
decisión

Cuando te enfrentas a una situación complicada, ¿tiendes a retirarte o afrontas el problema? ¿O te encuentras en algún punto entre ambas opciones? Escribe sobre tu forma de reaccionar frente a situaciones nuevas.

- Camila se identificó con un 4 en esta escala. Esto es lo que escribió: *Si me enfrento a un problema tiendo a abordarlo directamente, no lo eludo.*
- Ian marcó un 2. Apuntó en su diario: *Cuando surge un problema, o tengo que gestionar alguna situación nueva, por lo general mi tendencia es retirarme.*
- Aryan se inclinó por un 1. Escribió: *Considero que no soy bueno para afrontar situaciones difíciles. Me retiro por completo. Es un aspecto de mi forma de ser que quiero mejorar.*

7. Adaptabilidad

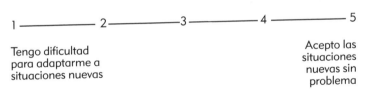

En nuestra vida se producen cambios constantemente. ¿Tienes dificultades para adaptarte a los cambios y a las situaciones nuevas o, por el contrario, los aceptas sin que signifiquen un problema? Escribe en tu diario algo referido a tu tendencia habitual. Presta particular atención a este tema si estás atrapado en un vínculo traumático. Si tienes dificultades para adaptarte a los cambios o a situaciones nuevas, este podría ser un factor que contribuye a que sigas estancado en una relación basada en un vínculo traumático.

- Camila marcó un 4 en esta característica. Apuntó en su diario: *Adaptarme a situaciones nuevas no me supone ningún problema; en realidad me atraen.*
- Ian se identificó con un 3. Lo que escribió en su diario fue: *No tengo dificultades para aceptar situaciones nuevas, pero no me gustan especialmente. Sin embargo, reconozco que me resulta difícil conocer personas nuevas. Si eso se considera una situación nueva, entonces me decantaría por un 2.*

- Aryan se identificó con un 1. Esto es lo que escribió: *Este es otro tema complicado para mí. Me resulta difícil adaptarme a situaciones nuevas y soy capaz de hacer lo que sea para evitarlas.*

8. Capacidad de atención

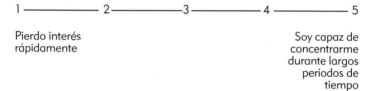

1 ——————— 2——————3——————— 4 ——————— 5

Pierdo interés
rápidamente

Soy capaz de
concentrarme
durante largos
periodos de
tiempo

¿Pierdes rápidamente el interés por tareas y situaciones? ¿O eres capaz de mantenerte concentrado durante periodos de tiempo prolongados? Registra tu experiencia en tu diario.

- Camila se adjudicó un 4. Escribió: *Soy capaz de mantener la concentración durante largos periodos de tiempo si es necesario.*
- Ian se identificó con un 3. Apuntó en su diario: *Creo que estoy en el medio de ambas opciones. No pierdo interés rápidamente, pero la verdad es que no soy muy capaz de mantener la concentración durante periodos prolongados de tiempo.*
- Aryan seleccionó un 3. Esto es lo que escribió: *Creo que estoy francamente en medio de ambas*

opciones. Puedo mantener la concentración durante un rato, y podría perder interés después de un periodo de tiempo prolongado, pero nunca rápidamente.

9. Disposición de ánimo

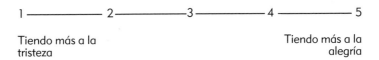

1 —————— 2—————3 ————— 4 ————— 5

Tiendo más a la
tristeza

Tiendo más a la
alegría

¿Tiendes a experimentar estados de ánimo depresivos, melancólicos o tristes? ¿O tienes más tendencia a sentirte alegre y optimista? Puedes pensar en cómo te sientes cuando te despiertas por la mañana: ¿estás preparado para darle la bienvenida al día o albergas temores? ¿O acaso te encuentras en algún punto entre ambas opciones? Escribe en tu diario algo sobre tu disposición de ánimo.

- Camila se adjudicó un 4. Esto es lo que escribió en su diario: *Habitualmente me levanto preparada para empezar la jornada. Suelo ser una persona alegre. Puedo desanimarme por algunas cosas, especialmente en las relaciones, pero por lo general mi actitud es positiva.*

- En esta característica Ian se inclinó por un 2. Apuntó en su diario lo siguiente: *En mi infancia y mi adolescencia nunca disfruté de una cara sonriente que me saludara por la mañana. Mi madre luchaba con su depresión, de manera que en cuanto la veía me daba cuenta de que estaba triste. La señora que se ocupaba de la casa era una persona encantadora, pero siempre estaba muy ocupada. Y durante la semana mi padre ya se había marchado al trabajo cuando yo me despertaba. Creo que simplemente me acostumbré a empezar el día con un estado anímico bajo.*

- Aryan optó por un 3. Escribió: *En esta característica decididamente me encuentro en medio de las dos opciones. Si fuera más joven me hubiera adjudicado un 5. Creo que esto tiene mucho que ver con mi hermano.*

¿Cómo te sientes después de haber completado esta evaluación de tu temperamento? ¿Te ha aclarado alguna parte de tu personalidad de la que no eras consciente? Si ha sido así, no estás solo. Rara vez tenemos la oportunidad de sumergirnos en lo más profundo de nosotros mismos. Escribe algo en tu diario en relación con la experiencia.

He aquí un resumen de la autoevaluación del temperamento de Camila:

- *Es una mujer con mucha energía.*
- *Es capaz de estar sumamente concentrada.*

- *Reacciona intensamente cuando se activan sus emociones.*
- *No es muy buena a la hora de establecer rutinas para tener una vida organizada.*
- *Reacciona bien cuando cambian los estímulos en su entorno.*
- *Aborda los problemas de frente.*
- *Se adapta fácilmente a las situaciones nuevas.*
- *Puede mantener la concentración durante largos periodos de tiempo.*
- *Generalmente es una persona alegre.*

Y estas son las reflexiones de Camila después de haber respondido a la evaluación: *¡Uau! Mirándome a mí misma a través de esta lente reconozco que puedo ser como un dispositivo inteligente. Lo he oído innumerables veces, pero de algún modo verlo ahora de esta manera me ofrece una nueva perspectiva de mí misma. Esto, combinado con mi estilo de apego ansioso, me ha aclarado un poco más las experiencias que he tenido con mis relaciones afectivas.*

El siguiente es el resumen de la autoevaluación del temperamento de Ian:

- *Tiene un nivel de energía bastante alto.*
- *No se distrae con facilidad.*
- *Puede conservar la calma cuando se enfrenta a una situación desagradable.*
- *Es organizado y le gusta tener rutinas.*

- *Tiene reacciones normales cuando cambian los estímulos en su entorno.*
- *Tiende a retirarse cuando tiene que afrontar un problema.*
- *No tiene dificultades para adaptarse a nuevas situaciones, pero sí para conocer nuevas personas.*
- *Su capacidad de atención es normal.*
- *Su estado anímico tiende a ser más retraído.*

Después de haber realizado esta autoevaluación Ian escribió en su diario: *Fue muy interesante analizar estas diferentes características. Reflexionar sobre mi estilo de apego, así como sobre los aspectos de mi temperamento, me ha permitido comprender mejor por qué me resulta tan difícil tener relaciones íntimas.*

Y a continuación presentamos el resumen de la autoevaluación del temperamento de Aryan:

- *Tiene un nivel de energía normal.*
- *Tiene dificultades para mantener la concentración y se distrae con facilidad.*
- *Tiene reacciones normales frente a situaciones que le provocan emociones intensas.*
- *La organización y la rutina son muy importantes para él.*
- *Reacciona enérgicamente cuando cambian los estímulos en su entorno.*
- *No es muy bueno cuando se trata de afrontar situaciones difíciles.*

- *Tiene dificultades para adaptarse a situaciones nuevas.*
- *Puede mantener la concentración durante un rato.*
- *No es una persona triste ni alegre, se encuentra en medio de ambas opciones.*

Esto es lo que escribió Aryan en su diario sobre lo que aprendió al hacer esta autoevaluación: *Este cuestionario me ha abierto los ojos. Siento que mis respuestas han puesto de manifiesto los problemas que tengo ahora en mi vida. No estoy feliz con la relación que tengo, y sin embargo no hago nada por cambiar esta situación. Y ahora puedo ver cuál es la razón: me gusta la organización y la rutina, reacciono enérgicamente cuando cambian los estímulos de mi entorno, no soy bueno para afrontar situaciones complicadas y tengo dificultades para adaptarme a situaciones nuevas. Por todo esto, me siento estancado.*

Seguimos adelante

La información ofrecida en este capítulo está destinada a ayudarte a comprender dos de los complejos componentes que constituyen tu historia interpersonal —el estilo de apego y el temperamento— y que probablemente te mantienen bloqueado en un patrón de relaciones basadas en vínculos traumáticos, o en una dinámica tóxica en tus relaciones afectivas. En el siguiente capítulo harás siete autoevaluaciones para determinar cuál de tus creencias fundamentales se activa sin que seas consciente de ello y provoca efectos negativos en las relaciones que tienes contigo mismo, con los demás y con el mundo que te rodea. También conocerás un poco más a Camila, Ian y Aryan a medida que vayan ensamblando las autoevaluaciones básicas para obtener una representación más clara de sí mismos.

CAPÍTULO 2

Aspectos fundamentales de las relaciones basadas en vínculos traumáticos

El objetivo de este libro es guiarte compasivamente a lo largo de un camino que te llevará a comprender mejor tus relaciones con los demás y también a ti mismo. Con ese fin, nos centramos en tres elementos que influyen profundamente en tu forma de ser: estilo de apego, temperamento y creencias fundamentales. En el capítulo anterior has tomado conciencia de tu estilo de apego y de nueve características que pueden atribuirse a tu temperamento. En este capítulo identificarás las creencias fundamentales que han estado impulsando de forma inconsciente la elección de tus relaciones y tu conducta. Analizaremos siete creencias fundamentales que están asociadas a las relaciones basadas en vínculos traumáticos: abandono, desconfianza y maltrato/abuso, privación emocional, imperfección, dependencia, fracaso y sometimiento.

¿Qué son las creencias fundamentales?

De acuerdo con Jeffrey Young (Young, Klosko y Weishaar 2006), los sistemas desadaptativos (los llamamos creencias fundamentales) se crean cuando en la temprana infancia las necesidades básicas del niño o niña —seguridad, conexión con los demás, autonomía, autoestima y expresión personal— no son satisfechas. Las creencias fundamentales resultantes son problemáticas para las personas y sus relaciones. Una creencia fundamental es esencialmente una creencia sobre ti mismo y tu relación con el mundo. Estas creencias se forman en parte como resultado de experiencias disfuncionales en la infancia. Eso incluye las relaciones con nuestros padres, cuidadores, hermanos y amigos. Los mensajes tóxicos reiterados, tanto verbales como no verbales, contribuyen a formar nuestras creencias fundamentales. Una vez formadas son extremadamente estables y se transforman en un patrón perdurable de emociones, conductas y sensaciones que se repiten a lo largo de toda tu vida.

Existen siete creencias fundamentales que están particularmente vinculadas con las relaciones basadas en vínculos traumáticos:

- **Abandono.** Esta creencia fundamental se forma como resultado de una pérdida física o emocional, de falta de apoyo o conexión emocional, o de un entorno inestable o poco fiable.

- **Desconfianza y maltrato o abuso.** Las experiencias infantiles en las que ha habido maltrato o abuso (verbal, físico, o sexual), traición, humillación o manipulación, forman esta creencia fundamental. La persona que tiene esta creencia espera que los demás le hagan daño, abusen de ella, la humillen, la engañen, le mientan, la manipulen o se aprovechen de ella.

- **Privación emocional.** Esta creencia fundamental se forma debido a que las personas que cuidan al niño o niña no satisfacen adecuadamente sus necesidades. Hay tres formas de privación emocional: (1) cuidados insuficientes (falta de atención, afecto, calidez o compañerismo), (2) falta de empatía (ausencia de comprensión, escucha, sinceridad; no se comparten emociones con otras personas) y (3) falta de protección (ausencia de apoyo moral, indicaciones u orientación de las otras personas).

- **Imperfección.** Esta creencia fundamental se desarrolla cuando se hace sentir al niño que no es bueno, que tiene defectos, que no ha sido deseado, que en muchos aspectos es inferior a los demás o que nadie lo querría si se conocieran sus «defectos». Estos defectos pueden ser privados (por ejemplo, sentirse indigno de ser amado o deseado sexualmente) o públicos (tal vez una característica física o un comportamiento que hace que una persona se sienta acomplejada).

- **Dependencia.** Esta creencia fundamental se desarrolla cuando se hace sentir a alguien que es inútil e incapaz de arreglárselas solo, que necesita la ayuda de los demás o que no es capaz de sobrevivir sin una persona específica (o todo ello).

- **Fracaso.** Esta creencia fundamental hace que una persona sienta que es incompetente o inútil, y que está condenada al fracaso. Si se compara con los demás, se siente fracasada. Cuando este tipo de personas cosechan éxitos pueden sentir que son impostoras.

- **Sometimiento.** El sometimiento es la creencia fundamental de que la persona debe satisfacer las necesidades ajenas a expensas de sus propias necesidades, con el fin de evitar consecuencias reales o imaginadas. A menudo el resultado es que ofrece el control de su vida a otros debido a coerciones reales o percibidas.

Cada una de estas creencias se desarrolla como resultado de determinadas experiencias infantiles, por algo que sucedió o por algo que debía haber ocurrido pero no ocurrió. Por ejemplo, si tus creencias fundamentales son las de *abandono* o de *desconfianza* y *maltrato o abuso*, probablemente se hayan creado debido a que no disfrutaste de un entorno estable y seguro en tu infancia. Tal vez viviste con el miedo de ser abandonado, no pudiste confiar en las personas que se suponía que debían cuidarte o sufriste maltrato físico o emocional. En particular, con la creencia fundamental de abandono, puedes luchar con un sufrimiento emocional asociado a pensamientos del tipo: «Las personas que quiero me abandonarán o fallecerán», «Nadie ha estado nunca disponible para mí», «Las personas con las que he tenido relaciones más estrechas son impredecibles», «Al final estaré solo». Los pensamientos dolorosos asociados con la creencia fundamental de desconfianza y maltrato o abuso incluyen: «Las personas con quienes tengo relaciones más íntimas siempre terminan por hacerme daño», «Todos se aprovecharán de mí si no me protejo», «Las personas en las que he confiado me han maltratado verbal o físicamente o han abusado sexualmente de mí».

Una creencia de *privación emocional* se desarrolla cuando no has recibido amor, comprensión, empatía, afecto ni orientación de tus cuidadores y compañeros. Debido a esta creencia tienes miedo de no ser nunca capaz de tener una relación afectiva como la que deseas. El sufrimiento emocional asociado a las siguientes afirmaciones probablemente te resultará familiar: «Me siento solo», «No recibo el amor que necesito», «No hay nadie en mi vida que realmente se preocupe por mí ni atienda mis necesidades emocionales», «No me siento conectado emocionalmente con nadie».

Si tienes una creencia fundamental de *dependencia*, seguramente en tus años de desarrollo no te enseñaron a ser autónomo. Esto significa que sientes miedo cuando tienes que ser autosuficiente o asumir responsabilidades por tu cuenta y también miedo de no tener a nadie en quien confiar. Los pensamientos dolorosos podrían incluir: «Soy incapaz de hacer nada solo», «Necesito que alguien se ocupe de mí porque siento que no puedo cuidarme yo mismo», «Siento que a la hora de afrontar responsabilidades no me comporto como un adulto».

Las creencias fundamentales de *imperfección* y *fracaso* se forman cuando no ha habido amor, aceptación ni respeto. Sin un apoyo que te ayude a desarrollar tu autoestima, experimentarás el miedo de no ser nunca suficientemente bueno. Si tienes una creencia fundamental de imperfección, probablemente experimentarás pensamientos dolorosos como los siguientes: «Las personas me rechazarían si supieran cómo soy en realidad», «No merezco que me amen», «No doy a conocer mi verdadero ser porque a nadie le gustaría». La creencia fundamental de fracaso provocará sufrimiento emocional con pensamientos del tipo: «La mayoría de mis compañeros tienen más éxito que yo», «No soy tan inteligente como otras personas que hay en mi vida», «Me siento avergonzado por no estar a la altura de los demás», «No tengo ningún talento especial».

Si no has crecido en un entorno donde imperaba el amor y el cuidado, en el que podías expresar tus necesidades y deseos, es probable que desarrolles una creencia fundamental de *sometimiento*. Experimentarás miedo y el sufrimiento asociado de que tú y tus necesidades no sois tan importantes como las necesidades y los deseos de los demás. Los pensamientos emocionalmente negativos podrían incluir: «Nadie me aceptará ni me querrá si no antepongo sus necesidades y deseos a los míos», «Necesito la aprobación de los demás», «En mis relaciones siempre doy más de lo que recibo» (Young y Klosko 1994).

¿Acaso estas descripciones te han permitido conocer el origen de tus creencias fundamentales? Si no ha sido así, no te preocupes. Vas a realizar una autoevaluación para cada una de las creencias fundamentales que arrojará luz sobre esta parte de tu historia personal.

Evaluación de tus creencias fundamentales

Comprender tus creencias fundamentales es un gran paso en el camino de tomar conciencia de tus relaciones basadas en vínculos traumáticos y darlas por terminadas. Dicho esto, aunque las evaluaciones de esta sección pueden ser muy útiles, hacerlas es muy parecido a navegar con un GPS: funcionan bien aunque a veces te desvían ligeramente de tu recorrido. Por ejemplo, tal vez obtengas una puntuación baja en una creencia fundamental determinada, y sin embargo tú te sientes identificado con la definición de esa creencia. ¡Confía en ti mismo *y* en las evaluaciones!

Escoger el momento adecuado para hacer las autoevaluaciones puede marcar una diferencia en los resultados. Es mejor responder las preguntas cuando tu corazón está receptivo y te sientes emocionalmente vulnerable. El resultado será muy diferente si estás a la defensiva o poco receptivo. Y recuerda que las creencias fundamentales son más perjudiciales cuando no son conscientes. Arrojar luz sobre las creencias con las que podrías estar luchando es el primer paso para liberarte del sufrimiento emocional inherente a una relación tóxica.

Creencia fundamental de abandono

La creencia fundamental de abandono es la percepción de que aquellos en los que has confiado, y de los que esperabas apoyo, son inestables o no son fiables. Implica la creencia de que la persona o personas importantes de tu vida no serán capaces de ofrecerte apoyo emocional, conexión ni protección, porque son emocionalmente inestables e impredecibles, no son fiables, su presencia es errática o fallecerán o te abandonarán por otra persona.

Califica las siguientes afirmaciones utilizando la escala que presentamos a continuación:

1 = Completamente falso
2 = Generalmente falso
3 = Ligeramente más verdadero que falso
4 = Moderadamente verdadero
5 = Generalmente verdadero
6 = Me describe perfectamente

Me atormenta pensar que las personas que quiero fallecerán o me abandonarán. _____

Me aferro a las personas porque tengo miedo de que me abandonen. _____

No tengo un apoyo estable. _____

Sigo enamorándome de gente que no se compromete conmigo. _____

Las personas siempre aparecen y desaparecen de mi vida. _____

Me desespero cuando alguien que quiero se aleja de mí. _____

Me obsesiono tanto con la idea de
que mis parejas me abandonarán,
que finalmente las impulso a hacerlo. _____

Las personas más cercanas a mí
son impredecibles. En un determinado
momento están junto a mí, y al siguiente
se han marchado. _____

Dependo demasiado de los demás. _____

Al final me quedaré solo. _____

Suma los puntos que has obtenido en cada una de las afirmaciones para alcanzar tu puntuación total. Coloca una estrella junto a cada afirmación en la que hayas marcado un 5 o un 6.

Puntuación total: _____

A continuación te explicamos cómo interpretar tu puntuación total:

10-19: muy baja. Probablemente esta creencia fundamental no se puede aplicar a ti.

20-29: relativamente baja. Esta creencia fundamental se puede aplicar a ti, aunque solo ocasionalmente.

30-39: moderada. Esta creencia fundamental constituye un problema en tu vida.

40-49: alta. Definitivamente, esta es una creencia fundamental muy importante para ti.

50-60: muy alta. Esta es una creencia fundamental muy intensa para ti.

Nota: Si tienes una puntuación baja, pero al menos has obtenido una puntuación de 5 o 6 en una afirmación, entonces esa creencia fundamental constituye un problema en tu vida. Si tienes la percepción de que esa creencia fundamental es significativa en tu vida pero tu puntuación es inferior a lo que esperabas, sería aconsejable que consideraras si en tu infancia viviste alguna de las siguientes situaciones que podrían haber contribuido a generar tus sentimientos:

- Tu ambiente familiar era inestable.
- No recibiste la atención que necesitabas de tus padres o cuidadores.
- Sufriste la pérdida de uno de tus padres o de un cuidador.
- Tuviste muchos cuidadores o las personas que te cuidaban eran impredecibles.

La puntuación total obtenida puede ser esclarecedora. Sin embargo, también es relevante analizar la importancia de una creencia fundamental si has obtenido puntuaciones bajas en la mayoría de las afirmaciones correspondientes a dicha creencia pero altas en una o dos afirmaciones. Toma nota si esto es lo que está sucediendo ahora mismo o en cualquier otra parte de este capítulo. Lo analizaremos más exhaustivamente al final de cada evaluación.

Creencia fundamental de desconfianza y maltrato o abuso

La creencia fundamental de desconfianza y maltrato o abuso suele estar presente en las relaciones basadas en vínculos traumáticos. Puedes tener esta creencia fundamental si has crecido en un ambiente en el cual no podías confiar en la persona o personas más cercanas a ti, no te sentías seguro o te maltrataron física, verbal y emocionalmente o abusaron sexualmente de ti. (Nota: Si la última de estas categorías se puede aplicar a ti, presta mucha atención mientras lees este libro y trabaja con las tareas propuestas. Podría ser muy beneficioso hablar con un profesional que te ayude a cuidar de ti mismo mientras te confrontas con tus relaciones basadas en vínculos traumáticos).

Califica las siguientes afirmaciones utilizando la escala que presentamos a continuación:

1 = Completamente falso
2 = Generalmente falso

3 = Ligeramente más verdadero que falso
4 = Moderadamente verdadero
5 = Generalmente verdadero
6 = Me describe perfectamente

Siempre espero que las personas
me hagan daño o me utilicen.   _____

A lo largo de mi vida, aquellos con
los que he tenido una relación más
estrecha me han maltratado.   _____

Es solo una cuestión de tiempo que
las personas que quiero me traicionen.   _____

Tengo que protegerme y mantenerme
en guardia.   _____

Si no tengo cuidado, los demás
se aprovechan de mí.   _____

Someto a prueba a las personas para
ver si realmente están de mi lado.   _____

Intento hacer daño a la gente
antes de que ellos me hagan daño a mí.   _____

Me da miedo que las personas se
acerquen mucho a mí porque siempre
creo que van a hacerme daño.   _____

Estoy enfadado por lo que me han
hecho algunas personas.
_____

Aquellos en los que podría haber
confiado me maltrataron física o
verbalmente o abusaron
sexualmente de mí.
_____

Suma los puntos que has obtenido en cada una de las afirmaciones para alcanzar tu puntuación total. Coloca una estrella junto a cada afirmación en la que hayas marcado un 5 o un 6.

Puntuación total:_____

A continuación te explicamos cómo interpretar tu puntuación total:

10-19: muy baja. Probablemente esta creencia fundamental no se puede aplicar a ti.

20-29: relativamente baja. Esta creencia fundamental se puede aplicar a ti, aunque solo ocasionalmente.

30-39: moderada. Esta creencia fundamental constituye un problema en tu vida.

40-49: alta. Definitivamente, esta es una creencia fundamental muy importante para ti.

50-60: muy alta. Esta es una creencia fundamental muy intensa para ti.

Nota: Si tienes una puntuación baja pero al menos en una de las afirmaciones has obtenido una puntuación de 5 o 6, entonces esa creencia fundamental constituye un problema en tu vida. Si tienes la percepción de que esa creencia fundamental es significativa en tu vida pero tu puntuación es inferior a lo que esperabas, sería aconsejable que consideraras alguna de las siguientes situaciones ocurridas en tu infancia que podrían haber contribuido a generar tus sentimientos:

- Te sentiste un extraño en tu propia familia.
- Tu hogar no fue un ambiente seguro.
- No podías confiar en ningún miembro de tu familia.
- Se aprovechaban de tus puntos débiles.
- Te insultaban.

Creencia fundamental de privación emocional

La creencia fundamental de privación emocional es muy común si has crecido en un ambiente en el que no recibiste apoyo emocional, atención, afecto, orientación ni comprensión.

Califica las siguientes afirmaciones utilizando la escala que presentamos a continuación:

1 = Completamente falso

2 = Generalmente falso

3 = Ligeramente más verdadero que falso

4 = Moderadamente verdadero

5 = Generalmente verdadero

6 = Me describe perfectamente

Necesito más amor del que recibo.	_____
Nadie me comprende realmente.	_____
A menudo me atraen parejas de temperamento frío que no pueden colmar mis necesidades.	_____
Me siento desconectado, incluso de las personas con las que tengo una relación más estrecha.	_____
No he amado a nadie especial que deseara compartir su vida conmigo y se interesara profundamente por lo que me sucedía.	_____
Ninguna persona me ofrece calidez, comprensión y afecto.	_____

No tengo a nadie que me escuche
de verdad y sintonice con mis
verdaderas necesidades y sentimientos. _____

Me resulta difícil dejar que las personas
me guíen y me protejan, a pesar de
ser precisamente lo que más anhelo. _____

Me resulta difícil dejar que los
demás me quieran. _____

Me siento solo la mayor parte
del tiempo. _____

Suma los puntos que has obtenido en cada una de las afirmaciones para alcanzar tu puntuación total. Coloca una estrella junto a cada afirmación en la que hayas marcado un 5 o un 6.

Puntuación total: _____

A continuación te explicamos cómo interpretar tu puntuación total:

10-19: muy baja. Probablemente esta creencia fundamental no se puede aplicar a ti.

20-29: relativamente baja. Esta creencia fundamental se puede aplicar a ti, aunque solo ocasionalmente.

30-39: moderada. Esta creencia fundamental constituye un problema en tu vida.

40-49: alta. Definitivamente, esta es una creencia fundamental muy importante para ti.

50-60: muy alta. Esta es una creencia fundamental muy intensa para ti.

Nota: Si tienes una puntuación baja pero al menos en una de las afirmaciones has obtenido una puntuación de 5 o 6, entonces esa creencia fundamental constituye un problema en tu vida. Si tienes la percepción de que esa creencia fundamental es significativa en tu vida pero tu puntuación es inferior a lo que esperabas, sería aconsejable que consideraras alguna de las siguientes situaciones ocurridas en tu infancia que podrían haber contribuido a generar tus sentimientos:

- Tu cuidador o cuidadora no sintonizaba con tus necesidades.
- No te sentías muy conectado con la persona que te cuidaba.
- No tenías ninguna persona sólida en la que pudieras confiar.
- No te sentías valorado ni especial.
- No recibiste afecto físico ni verbal.

Creencia fundamental de imperfección

Si sientes que no eres lo suficientemente bueno, que eres indigno o que tienes muchos defectos, y crees que si alguien supiera cómo eres realmente, te rechazaría por no considerarte digno de ser amado, la creencia fundamental de imperfección está presente en tu vida y con toda probabilidad incide en la elección de tus relaciones afectivas.

Califica las siguientes afirmaciones utilizando la escala que presentamos a continuación:

1 = Completamente falso
2 = Generalmente falso
3 = Ligeramente más verdadero que falso
4 = Moderadamente verdadero
5 = Generalmente verdadero
6 = Me describe perfectamente

Ninguna persona me amaría si
me conociera de verdad.   _____

Esencialmente tengo defectos y soy
imperfecto. No merezco ser amado.   _____

Tengo secretos que no quiero compartir,
ni siquiera con las personas más
cercanas a mí.   _____

Fue mi culpa que mis padres
no me quisieran. _____

Oculto mi ser real, porque lo
considero inaceptable. Lo que
muestro de mí a los demás es falso. _____

Con frecuencia tiendo a relacionarme
con personas que me critican y
rechazan, sean mis padres, amigos
o parejas. _____

A menudo soy muy crítico, especialmente
con personas que me demuestran
que me quieren, y además las rechazo. _____

Desvalorizo mis cualidades positivas. _____

Me avergüenzo mucho de mí mismo. _____

Uno de mis mayores miedos es que
conozcan mis defectos. _____

Suma los puntos que has obtenido en cada una de las afirmaciones para alcanzar tu puntuación total. Coloca una estrella junto a cada afirmación en la que hayas marcado un 5 o un 6.

Puntuación total: _____

A continuación te explicamos cómo interpretar tu puntuación total:

10-19: muy baja. Probablemente esta creencia fundamental no se puede aplicar a ti.

20-29: relativamente baja. Esta creencia fundamental se puede aplicar a ti, aunque solo ocasionalmente.

30-39: moderada. Esta creencia fundamental constituye un problema en tu vida.

40-49: alta. Definitivamente, esta es una creencia fundamental muy importante para ti.

50-60: muy alta. Esta es una creencia fundamental muy intensa para ti.

Nota: Si tienes una puntuación baja pero al menos en una de las afirmaciones has obtenido una puntuación de 5 o 6, entonces esa creencia fundamental constituye un problema en tu vida. Si tienes la percepción de que esa creencia fundamental es significativa en tu vida pero tu puntuación es inferior a lo que esperabas, sería aconsejable que consideraras alguna de las siguientes situaciones ocurridas en tu infancia que podrían haber contribuido a generar tus sentimientos:

- Te sentiste rechazado.
- No te sentiste querido.
- Te culpaban cuando sucedía algo malo.

- Te comparaban con otros niños de una forma desfavorable.
- Estabas acostumbrado a sentir que decepcionabas a los demás.
- Te criticaban con frecuencia.

Creencia fundamental de fracaso

Si sientes que has fracasado, que el fracaso es inevitable o que no estás a la altura de tus compañeros porque no eres tan listo, talentoso ni exitoso como ellos, entonces probablemente tienes una creencia fundamental de fracaso.

Califica las siguientes afirmaciones utilizando la escala que presentamos a continuación:

1 = Completamente falso

2 = Generalmente falso

3 = Ligeramente más verdadero que falso

4 = Moderadamente verdadero

5 = Generalmente verdadero

6 = Me describe perfectamente

Siento que soy menos competente que otras personas, en lo que se refiere al rendimiento y a la consecución de logros. _____

Siento que soy un fracaso cuando
se trata de obtener buenos resultados. _____

La mayoría de las personas de mi edad
tienen más éxito que yo en su trabajo. _____

Como alumno fui un fracaso. _____

Me considero menos inteligente que
la mayoría de las personas con las
que me relaciono. _____

Me siento humillado por mis fracasos
en mi vida laboral. _____

Me avergüenzo delante de otras
personas porque no doy la talla en
términos de resultados. _____

La gente suele creer que soy más
competente de lo que realmente soy. _____

Creo que no tengo ningún talento
especial que sea realmente importante
en la vida. _____

Trabajo por debajo de mis posibilidades. _____

Suma los puntos que has obtenido en cada una de las afirmaciones para alcanzar tu puntuación total.

Coloca una estrella junto a cada afirmación en la que hayas marcado un 5 o un 6.

Puntuación total: _____

A continuación te explicamos cómo interpretar tu puntuación total:

10-19: muy baja. Probablemente esta creencia fundamental no se puede aplicar a ti.

20-29: relativamente baja. Esta creencia fundamental se puede aplicar a ti, aunque solo ocasionalmente.

30-39: moderada. Esta creencia fundamental constituye un problema en tu vida.

40-49: alta. Definitivamente, esta es una creencia fundamental muy importante para ti.

50-60: muy alta. Esta es una creencia fundamental muy intensa para ti.

Nota: Si tienes una puntuación baja pero al menos en una de las afirmaciones has obtenido un 5 o un 6, entonces esa creencia fundamental constituye un problema en tu vida. Si tienes la percepción de que esa creencia fundamental es significativa en tu vida pero tu puntuación es inferior a lo que esperabas, sería aconsejable que consideraras alguna de las siguientes situaciones ocurridas en tu infancia que podrían haber contribuido a generar tus sentimientos:

- Te sentías incapaz de estar a la altura de los altos niveles de rendimiento que se esperaban de ti.
- Eras inferior a tus compañeros.
- Te comparaban negativamente con un hermano o con tus compañeros.
- No te enseñaron la autodisciplina ni a ser responsable.
- Uno de tus padres o un cuidador restaba importancia a tus logros porque se sentía amenazado.

Creencia fundamental de dependencia

La creencia fundamental de dependencia se da cuando crees que te resultaría difícil sobrevivir emocionalmente sin la compañía de otra persona, porque no eres capaz de cuidar de ti mismo.

Califica las siguientes afirmaciones utilizando la escala que presentamos a continuación:

1 = Completamente falso
2 = Generalmente falso
3 = Ligeramente más verdadero que falso
4 = Moderadamente verdadero
5 = Generalmente verdadero
6 = Me describe perfectamente

Siento que no me comporto como un adulto, sino como un niño, cuando se trata de asumir las responsabilidades de la vida cotidiana. _____

No me siento capaz de salir adelante por mis propios medios. _____

No me siento capaz de gestionar mi vida. _____

Las otras personas son más eficaces para cuidar de mí de lo que soy yo para cuidar de mí mismo. _____

No tengo a nadie que me oriente y tengo problemas para asumir nuevas tareas. _____

No puedo hacer nada bien. _____

Soy un inepto. _____

No tengo sentido común. _____

No confío en mi propio juicio. _____

La vida cotidiana me resulta agobiante. _____

Suma los puntos que has obtenido en cada una de las afirmaciones para alcanzar tu puntuación total.

Coloca una estrella junto a cada afirmación en la que hayas marcado un 5 o un 6.

Puntuación total: _____

A continuación te explicamos cómo interpretar tu puntuación total:

10-19: muy baja. Probablemente esta creencia fundamental no se puede aplicar a ti.

20-29: relativamente baja. Esta creencia fundamental se puede aplicar a ti, aunque solo ocasionalmente.

30-39: moderada. Esta creencia fundamental constituye un problema en tu vida.

40-49: alta. Definitivamente, esta es una creencia fundamental muy importante para ti.

50-60: muy alta. Esta es una creencia fundamental muy intensa para ti.

Nota: Si tienes una puntuación baja pero al menos en una de las afirmaciones has obtenido una puntuación de 5 o 6, entonces esa creencia fundamental constituye un problema en tu vida. Si tienes la percepción de que esa creencia fundamental es significativa en tu vida pero tu puntuación es inferior a lo que esperabas, sería aconsejable que consideraras alguna de las siguientes situaciones ocurridas en tu infancia que podrían haber contribuido a generar tus sentimientos:

- Tus padres tomaban las decisiones por ti.
- Te dieron muy pocas responsabilidades o ninguna.
- Tus padres interferían en tus decisiones.
- En casa se criticaban tus opiniones y decisiones.

Creencia fundamental de sometimiento

La creencia fundamental de sometimiento se da cuando se tiene la percepción de que las opiniones, los sentimientos y los deseos de las otras personas son más importantes que los propios. Esta creencia puede implicar dar a los demás el control de la propia vida por temor a las consecuencias que podría acarrear la imposibilidad de ejercerlo personalmente.

Califica las siguientes afirmaciones utilizando la escala que presentamos a continuación:

1 = Completamente falso
2 = Generalmente falso
3 = Ligeramente más verdadero que falso
4 = Moderadamente verdadero
5 = Generalmente verdadero
6 = Me describe perfectamente

Dejo el control de mi vida en las manos
de otras personas.

_____

Me preocupa que los demás se enfaden,
tomen represalias, y me rechacen si no
me ocupo de satisfacer sus deseos.

_____

Las necesidades, la seguridad y el
bienestar de los demás me importan
más que los míos.

_____

Las decisiones más importantes
de mi vida escapan a mi control.

_____

Tengo dificultades para pedir a las otras
personas que respeten mis derechos.

_____

Estoy muy pendiente de complacer a
los demás y conseguir su aprobación.

_____

Puedo llegar muy lejos para evitar
conflictos o confrontaciones.

_____

Doy más de lo que recibo.

_____

Siento profundamente el sufrimiento
ajeno, y eso me lleva a cuidar a las
personas que quiero.

_____

Si me antepongo a los demás
me siento culpable.

_____

Soy una buena persona porque pienso
más en los otros que en mí mismo. _____

Suma los puntos que has obtenido en cada una de las afirmaciones para alcanzar tu puntuación total. Coloca una estrella junto a cada afirmación en la que hayas marcado un 5 o un 6.

Puntuación total: _____

A continuación te explicamos cómo interpretar tu puntuación total:

10-19: muy baja. Probablemente esta creencia fundamental no se puede aplicar a ti.

20-29: relativamente baja. Esta creencia fundamental se puede aplicar a ti, aunque solo ocasionalmente.

30-39: moderada. Esta creencia fundamental constituye un problema en tu vida.

40-49: alta. Definitivamente, esta es una creencia fundamental muy importante para ti.

50-60: muy alta. Esta es una creencia fundamental muy intensa para ti.

Nota: Si tienes una puntuación baja pero al menos en una de las afirmaciones has obtenido una puntuación de 5 o 6, entonces esa creencia fundamental constituye un problema en tu vida. Si tienes la percepción de que esa creencia fundamental es significativa en tu vida pero tu puntuación es inferior a lo que esperabas, sería aconsejable que consideraras alguna de las siguientes situaciones ocurridas en tu infancia que podrían haber contribuido a generar tus sentimientos:

- Tus padres o cuidadores controlaban tu vida.
- Te hacían sentir mal si no hacías lo que querían otras personas.
- Tus padres o cuidadores te usaban como confidente.
- No te daban suficiente libertad.
- Tus padres te castigaban si no estabas de acuerdo con ellos.
- No te dejaban tomar sus propias decisiones.

***

Todo lo anterior es demasiada información para procesar. Tal vez algunas de las afirmaciones te hayan llevado a confrontarte con algunos aspectos de ti mismo; otras pueden haberte provocado sentimientos o recuerdos con los que todavía luchas. Y, como resultado, probablemente te hayan suscitado una mezcla de emociones (tristeza, rabia, culpa, ansiedad, nostalgia o soledad, por nombrar solo algunas). Tómate tu tiempo para reconocer tu experiencia. ¿Cómo te sientes después de haber evaluado tus creencias fundamentales? ¿Alguno de estos resultados te ha sorprendido? ¿Te han servido para aclarar la forma en que te ves a ti mismo y a tus relaciones? Escribe tus respuestas en tu diario.

Análisis de tus respuestas a las afirmaciones de las creencias fundamentales

Ahora vamos a mirar más detenidamente las afirmaciones de tus creencias fundamentales que han recibido una puntuación de 3 o superior. Tómate un momento para escribirlas en tu diario, dejando un poco de espacio entre ellas para apuntar recuerdos o experiencias que estén conectados con cada afirmación.

Camila

Vamos a ocuparnos de Camila, quien como seguramente recordarás del capítulo uno, tiene un estilo de apego ansioso. Camila obtuvo una puntuación alta en las creencias fundamentales de *abandono* y *privación emocional*. Escribió en su diario las afirmaciones con mayor puntuación para cada una de las creencias fundamentales.

He aquí su ejercicio completo para la creencia fundamental de *abandono*:

Me atormenta pensar que las personas que quiero fallecerán o me abandonarán. *Cuando deportaron a mi padre fue como si hubiera muerto, porque nunca volví a verlo. Aunque de vez en cuando tenía contacto con él, no estuvo a mi lado de la forma que yo hubiera necesitado. Mi madre fue un elemento constante en mi vida, pero tenía que trabajar mucho para mantenernos y al final terminé teniendo la sensación de que también la había perdido a ella.*

Me aferro a las personas porque tengo miedo de que me abandonen. *Recuerdo que desde muy pequeña me sentía muy apegada a mis maestros en la escuela. Y como adulta, me aferro rápidamente a mis parejas, lo que a menudo las aleja de mí.*

Sigo enamorándome de gente que no se compromete conmigo. *En las aplicaciones de citas tiendo a elegir mujeres que indican que están buscando una relación informal. Esto siempre me genera decepción y tristeza porque yo aspiro a tener algo más.*

Me desespero cuando alguien que quiero se aleja de mí. *Me resulta difícil admitir, incluso ante mí misma, las cosas que he hecho por desesperación cuando alguien me dejaba.*

Me obsesiono tanto con la idea de que mis parejas me abandonarán que finalmente las impulso a hacerlo. *En cuanto empiezo salir con alguien, hago y digo cosas de las que luego me arrepiento, y el resultado es que terminan por alejarse de mí.*

A continuación presentamos el ejercicio completo de Camila para la creencia fundamental de *privación emocional*:

Necesito más amor del que recibo. *Siento esta necesidad en lo más profundo de mi ser. Sé que tiene que ver con la ausencia de mi padre y la preocupación constante de mi madre por su trabajo.*

Nadie me comprende realmente. *Me parece que el hecho de que mi padre fuera deportado es una experiencia que solo me ha pasado a mí, por eso siento que a los demás les resulta difícil comprender mi trauma. Por lo general no lo comparto con nadie.*

A menudo me atraen parejas de temperamento frío que no pueden colmar mis necesidades. *No estoy segura de si son realmente frías o si yo pido demasiado. Necesito reflexionar un poco más sobre este tema.*

No tengo a nadie que me escuche de verdad y sintonice con mis verdaderas necesidades y sentimientos. *Tiendo a sentirme atraída por mujeres que están muy pendientes de su carrera y no dedican demasiado tiempo a actividades y relaciones que no tengan que ver con su trabajo.*

Ian

Ahora vamos a analizar las puntuaciones de Ian. Obtuvo una puntuación baja para la creencia fundamental de *desconfianza y maltrato o abuso*; sin embargo, hubo una afirmación en la que marcó un 6. Consiguió puntuaciones altas en las creencias fundamentales de *privación emocional* e *imperfección*.

Estas son las afirmaciones y sus respuestas. Comenzaremos por la afirmación de la creencia fundamental de *desconfianza y maltrato o abuso*:

Me da miedo dejar que las personas se acerquen mucho a mí porque siempre creo que van a hacerme daño. *No tengo ningún recuerdo de haber sufrido malos tratos de mis padres ni de ningún otro adulto, pero me identifico con esta afirmación. Me resulta doloroso admitir que actúo como si no tuviera tiempo para una relación sentimental (paso la mayor parte de mi tiempo trabajando) porque tengo miedo de que me hagan daño. He salido con dos mujeres, Phoebe y Daphne, en las que vi grandes posibilidades y sin embargo no fui capaz de continuar con la relación.*

A continuación presentamos las afirmaciones de la creencia fundamental de *privación emocional*:

Me siento desconectado, incluso de las personas con las que tengo una relación más estrecha. *Mis padres todavía siguen casados, y yo estoy muy unido a ellos y los visito con frecuencia. Sin embargo, nunca hemos compartido nuestras emociones ni nada que nos hiciera sentir vulnerables. Sé que otras personas sí lo hacen, pero yo no fui criado de ese modo.*

Me resulta difícil dejar que los demás me quieran. *Cuando comencé a sentir algo por Phoebe y Daphne, y ellas a su vez me expresaron sus sentimientos, sentí que perdía el control. No supe qué hacer con esos sentimientos y en consecuencia dejé de salir con ellas.*

Me siento solo la mayor parte del tiempo. *Tengo amigos y colegas con los que salgo algunas veces, pero estoy empezando a darme cuenta de que el hecho de no tener una conexión más profunda con nadie me hace sentir solo. No sé muy bien cómo explicarlo, puedo sentirme solo incluso cuando estoy con mis amigos.*

Y ahora vamos a ver cuáles son las afirmaciones de Ian para la creencia fundamental de *imperfección*:

Fue mi culpa que mis padres no me quisieran. *Sé que este pensamiento puede parecer irracional, pero me siento culpable de la depresión posparto de mi madre. Fui yo el que trastornó nuestras vidas. Ellos nunca me dijeron que no me querían, y jamás me han culpado, pero todo el mundo sabe que mi madre estaba bien hasta que yo llegué a su vida.*

Me avergüenzo mucho de mí mismo. *Mi vergüenza está relacionada con mi infancia y con el impacto negativo que mi nacimiento tuvo en mi madre. Y también me avergüenza mi incapacidad para mantener relaciones cercanas con otras personas.*

Uno de mis mayores miedos es que se conozcan mis defectos. *Como ya he mencionado, me avergüenza mi incapacidad de abrirme a otras personas para tener relaciones más íntimas. Me da miedo decir que no sé cómo hacerlo. Tiendo a alejarme de las personas que quiero o a mantener la relación a un nivel superficial para que no descubran que en este aspecto no soy normal. Siento que tengo muchos defectos.*

Aryan

Veamos ahora las afirmaciones de las creencias fundamentales de Aryan y los recuerdos y experiencias relacionados con ellas. Recuerda que en el capítulo uno nos enteramos de que tiene un apego seguro, pero debido al trauma de sentirse responsable de la muerte de su hermano está atrapado en una relación basada en vínculos traumáticos.

Aryan obtuvo una puntuación baja en la escala de la creencia fundamental de *abandono*, pero una de esas afirmaciones es un 6. Si tienes una puntuación baja en una de las escalas pero alta en una afirmación, es preciso analizar la importancia de esa afirmación. Como Aryan explica más adelante, el abandono es un temor constante en su vida que ejerce influencia sobre sus decisiones y comportamientos, como comprobaremos cuando sepamos algo más sobre sus luchas internas.

Afirmación de la creencia fundamental relacionada con el abandono: *Me atormenta pensar que las personas que quiero fallecerán o me abandonarán. (Puntuación: 6).*

Recuerdo o experiencia asociados con la creencia fundamental de abandono: *Mi hermano, que era mi mejor amigo, murió cuando yo estaba en el instituto y él en la universidad. Yo estaba con él cuando falleció.*

Una vez más, Aryan obtuvo una puntuación general baja en la escala de la creencia fundamental de *imperfección*, pero logró una puntuación alta en una de las afirmaciones.

Afirmación de la creencia fundamental de imperfección: *Me avergüenzo mucho de mí mismo.* (Puntuación: 6). Recuerdo o experiencia asociados con la creencia fundamental de imperfección: *Yo conducía el coche cuando mi hermano y yo tuvimos un accidente que resultó fatal para él. Acababa de regresar a casa de la universidad para pasar las vacaciones de invierno. Las carreteras estaban heladas. Mi hermano me dijo que condujera más despacio, pero no le hice caso porque estaba circulando a la velocidad permitida. Yo era un conductor novato y debería haberlo escuchado. Seguiría vivo si lo hubiera hecho. Y yo vivo cada día sintiendo vergüenza y culpa por lo que sucedió.*

Aryan obtuvo una puntuación alta en la creencia fundamental de *dependencia* y una puntuación general de 39. Marcó una puntuación de 3 para seis de las afirmaciones, un 5 para tres de las afirmaciones y un 6 para una de las afirmaciones.

A continuación presentamos las respuestas de Aryan para las afirmaciones relacionadas con la creencia fundamental de *dependencia* que obtuvieron mayor puntuación:

No me siento capaz de salir adelante por mis propios medios. *Yo confiaba tanto en mi hermano que ahora, sin su compañía, no me siento capaz de arreglármelas solo.*

No me siento capaz de gestionar mi vida. *Esto está relacionado con la afirmación anterior. Sencillamente, no confío en ser capaz de gestionar mi vida sin ayuda.*

No tengo a nadie que me oriente y tengo problemas para asumir nuevas tareas. *Mi hermano siempre me orientaba y me aconsejaba. Después de su muerte, me sentí todavía más inseguro para tomar decisiones por mi cuenta. Hacía todo lo que mis madres querían que hiciera. Ahora dependo de mi pareja para decidir cómo disponer de nuestro tiempo, con quién salimos y prácticamente en todo lo demás.*

No confío en mi propio juicio. *Esto me recuerda con mucho dolor que me juzgaba por haber matado a mi hermano. Si lo hubiera escuchado y hubiera reducido la velocidad, probablemente seguiría vivo. Desde aquel día, ya no he podido confiar en mí mismo para tomar decisiones. El resultado es que doy más poder sobre mi vida a las personas de mi entorno que a mí mismo. Ahora estoy en una relación en la que no tengo ni voz ni voto. Estoy viviendo la vida de otra persona, y me siento atrapado.*

Como puedes ver por las creencias fundamentales, las afirmaciones relacionadas con ellas y los recuerdos de Aryan, es posible tener un apego seguro y al mismo tiempo una experiencia traumática (en este caso, la muerte de su hermano) que modifica tu forma de verte a ti mismo, a los demás y al mundo que te rodea. No es necesario que el trauma se haya reiterado para que tenga una profunda influencia en tus relaciones y comportamientos.

Bien, si todavía no lo has hecho, te aconsejo que vuelvas a leer las afirmaciones que has apuntado en tu diario, para ver si puedes conectarlas con los recuerdos, eventos o experiencias que las crearon. En cuanto lo hagas, habrás preparado el terreno para el siguiente ejercicio.

Experiencias relacionadas con creencias fundamentales

Lo que viene a continuación es una lista de las creencias fundamentales y las experiencias que las han formado. Apunta en tu diario el nombre de las personas que causaron el trauma asociado a las experiencias que formaron cada una de las creencias fundamentales.

Nota: Este ejercicio no pretende generar culpa. Es totalmente comprensible que, por ejemplo, sientas algo parecido a: *No pretendo decir que mi madre sea la* *causa de mi trauma, porque lo hizo lo mejor que pudo en aquel momento.* Este ejercicio se ha diseñado para que puedas llegar a comprender el origen de tus creencias fundamentales y los pensamientos y emociones relacionados con ellas. El ejercicio te dará la información que necesitas para identificar a las personas que podrían ser tóxicas para ti o una potencial relación basada en vínculos traumáticos. Cuando tomes conciencia del origen de tu trauma te resultará más sencillo evitar los tipos de personas que refuerzan tus patrones afectivos. Y esto te permitirá avanzar hasta conseguir tener apegos sanos.

Abandono:
- Falta de estabilidad
- Fallecido o ausente
- Impredecible
- No fiable
- Presencia errática

Imperfección:
- Me hizo sentir mal
- Me hizo sentir indigno
- Me hizo sentir que estoy lleno de defectos
- Me rechazó
- Me hizo sentir que no merecía ser amado

Desconfianza y maltrato o abuso:
- Me hirió físicamente
- Me hirió sexualmente

- Me hirió verbalmente
- Me traicionó
- Se aprovechó de mí

Fracaso:
- Me hizo sentir un fracasado
- Me hizo sentir inferior
- Me hizo sentir menos inteligente
- Me hizo sentir menos talentoso
- Me hizo sentir menos atractivo

Privación emocional:
- Falta de afecto
- Falta de atención
- Falta de apoyo emocional
- Falta de amor
- Falta de comprensión

Dependencia:
- Me hizo sentir que era un inepto
- Me hizo sentir que no podía arreglármelas solo
- Me hizo sentir que no podía sobrevivir por mis propios medios

Sometimiento:
- Me hizo sentir que mis necesidades eran menos importantes
- Me hizo sentir que habría consecuencias si no priorizaba sus necesidades y deseos
- Me hizo poner el control de mi vida en sus manos

¿Tienes la sensación de entender mejor ahora qué es lo que está en juego con tus creencias fundamentales y cuál es su origen (específicamente la persona o las personas que te las inculcaron)? ¿Hubo algo que te sorprendiera? Si te apetece, puedes escribir en tu diario algo relacionado con esta experiencia.

Creencias fundamentales y estilo de apego

Ten en cuenta toda la información que has aprendido en el ejercicio anterior mientras analizamos tu estilo de apego (a partir de la evaluación del capítulo uno). Vamos a considerar la relación que existe entre tus creencias fundamentales y tu estilo de apego, dos de los conceptos fundacionales de la persona que eres y de cómo tomas decisiones en tus relaciones afectivas. Tus creencias fundamentales y tu estilo de apego suelen actuar de manera inconsciente, y por esa razón puedes estar bloqueado en una relación afectiva basada en vínculos traumáticos o sentirte atraído por personas o situaciones tóxicas.

Toma tu diario y responde a las siguientes preguntas:

- ¿Cuál es tu estilo de apego? En tus relaciones, ¿te muestras evitativo, ansioso o seguro?
- ¿Cómo crees que tus creencias fundamentales se relacionan, o interactúan, con tu estilo de apego?

- ¿Qué más quieres analizar sobre la forma en que tus creencias fundamentales y tu estilo de apego guían inconscientemente las elecciones en tu vida afectiva?

Seguimos adelante

En el siguiente capítulo conocerás la conexión entre tu estilo de apego, tu temperamento, tus creencias fundamentales y tus conductas.

Has recibido una cantidad importante de información que tienes que procesar. Ahora podría ser un buen momento para hacer un descanso. Aunque resulte difícil de creer, especialmente si sientes que tus creencias fundamentales han causado estragos en tus relaciones, recuerda que en última instancia dichas creencias son una respuesta de protección frente al trauma que has experimentado. Esto se debe a que te ayudan a reflexionar y predecir qué es lo que probablemente sucederá en una situación familiar. De hecho, cuando las creencias fundamentales se activan, traen consigo emociones y pensamientos intensos y conductas automáticas, que también son una reacción de protección. El problema comienza cuando nos dejamos llevar por los mismos pensamientos, emociones y conductas mucho tiempo después de haber dejado atrás la infancia, una etapa de tu vida en la que muy posiblemente hayan sido útiles. El problema comienza cuando algo que en un momento funcionó como un factor de protección se convierte en una conducta inadaptada y cíclica. No obstante, cuando llegas a entender dichas emociones, pensamientos y conductas —lo que conseguirás a través de la lectura de este libro—, estás preparado para eliminar por completo las relaciones basadas en vínculos traumáticos.

CAPÍTULO 3

Conductas para superar vínculos traumáticos

En este capítulo deberás afrontar un terreno difícil. Nos ocuparemos de cómo gestionas el sufrimiento asociado a tus creencias fundamentales. A medida que analices tus comportamientos y el origen de tus patrones de conducta, es bastante probable que te sientas aún más avergonzado. Esto quizás sea lo más difícil en el camino que has iniciado, pero recuerda que este camino te conducirá a las relaciones y la vida que te mereces. Y en cuanto a los inevitables sentimientos de vergüenza que con toda probabilidad desencadenará, no debes sentirte responsable por lo que tu trauma ha generado. Las conductas que se han formado como resultado de tus experiencias traumáticas tuvieron en su momento una naturaleza protectora y te ayudaron a sobrevivir durante tus años de desarrollo. Ahora pueden ser patrones de conducta que ya no te sirven; sin embargo, pueden ser identificados y modificados.

Cuando termines de leer este capítulo tendrás una mayor comprensión de la forma en que interactúan tu estilo de apego, tu temperamento y tus creencias fundamentales para influir en tu comportamiento. Aunque tu estilo de apego y tus creencias fundamentales no se pueden eliminar, cuando tomas conciencia de ellos su poder tiende a minimizarse con el paso del tiempo, y pronto comprobarás que tu conducta cambia. Y cuando eso ocurra, también cambiará la dinámica de tus relaciones afectivas. Identificar y comprender tus conductas es solamente uno de los pasos que debes dar a lo largo del camino; te proporcionará la conciencia de ti mismo, la autocompasión y el empoderamiento que son necesarios para hacer cambios que te liberen de la vergüenza. Tu sentimiento de vergüenza está actuando como una barrera entre tú y una conexión sana con las demás personas.

Temperamento y estilos de afrontamiento

En el capítulo uno has identificado las nueve características que conforman tu temperamento. Conocer tu nivel de actividad, tu capacidad de atención, tu respuesta frente a factores desencadenantes, tu relación con el orden y la rutina, tu sensibilidad sensorial, tu manera de responder frente a situaciones nuevas, tu capacidad de adaptación, tu poder de concentración y tu disposición de ánimo te hace tomar conciencia de tu temperamento. Esto es importante porque el temperamento está directamente relacionado con tu estilo de afrontamiento. En otras palabras, ¿cómo actúas cuando se activan tus creencias fundamentales? ¿Cuál es tu estilo de afrontamiento en una relación basada en vínculos traumáticos? Esos patrones de conducta se han desarrollado como resultado de tu trauma y de tu tendencia inconsciente a mantenerte en un terreno seguro. La manera en que gestionas el miedo que experimentas cuando te asaltan emociones intensas depende de tu temperamento.

Hemos colocado las nueve características en una tabla y las hemos marcado de acuerdo con la puntuación que se han adjudicado Camila, Ian y Aryan. Hemos utilizado sus iniciales (C=Camila, I=Ian, A=Aryan). Mientras ellos toman conciencia de sus conductas de afrontamiento, nosotros vamos a ver cuáles son los puntos de encuentro entre el temperamento y sus estilos de afrontamiento.

Puntuación	1	2	3	4	5
Nivel de actividad			A	I	C
Distracción		A	I	C	
Umbral de respuesta emocional	I		A	C	
Ritmo y regularidad		C		I	A

Puntuación	1	2	3	4	5
Sensibilidad sensorial			I/C		A
Reacción inicial frente a estímulos o situaciones nuevos	A	I		C	
Adaptabilidad	A		I	C	
Capacidad de atención			I/A	C	
Disposición de ánimo		I	A	C	

Dibuja en tu diario una tabla igual a esta para rellenarla con tus datos. Al analizar la tabla puedes experimentar sentimientos de vergüenza todavía más intensos. El objetivo de este proceso es eliminar dichos sentimientos que han estado acosándote a lo largo de tu vida. Con el fin de deshacer los patrones conductuales que ya no te sirven, necesitas identificarlos. Tu conducta actual es comprensible. El trauma que has experimentado te arrebató la capacidad de reaccionar de forma menos emocional y más equilibrada frente a las situaciones que te toca vivir, en especial en tus relaciones afectivas. Esto da como resultado sentimientos de vergüenza que perpetúan el ciclo de las relaciones basadas en vínculos traumáticos. Comprender qué es lo que te impulsa a actuar de ese modo te ayudará a tomar decisiones diferentes, y empezarás a liberarte de tus sentimientos de vergüenza.

Al mirar tu tabla, ¿te revela algo nuevo sobre el modo en que las nueve características que conforman tu temperamento han influido en tu estilo de afrontamiento? ¿Puedes establecer una conexión entre tu temperamento y tu estilo de apego? Escríbelo en tu diario.

Esto es lo que escribió Camila:

Una de las afirmaciones en las que obtuve una puntuación alta en la evaluación del apego fue *Con frecuencia me preocupa que los demás no quieran quedarse a mi lado*. Estoy empezando a comprender que mi exceso de energía, mi intensidad y mi estilo de apego ansioso podrían estar desmoralizando a algunas personas. Obtuve una puntuación alta en disposición de ánimo, así que pienso que por lo general soy una persona positiva y optimista cuya compañía resulta agradable. Sin embargo, suelo recibir comentarios del tipo de: «Tienes mucho genio, creo que vas a necesitar a alguien con una personalidad muy fuerte». Y ahora me estoy dando cuenta de que por no ser organizada, y por el hecho de que me gustan las situaciones nuevas (lo que antes consideraba como una cualidad), podría relacionarme con algunas personas poco fiables o hacer que no tome «decisiones seguras» cuando estoy en pareja.

Veamos ahora lo que escribió Ian:

Obtuve una puntuación alta en dos de las afirmaciones de la evaluación del apego, que me parecen importantes para comprender mi conducta con los demás: *Me siento un poco incómodo cuando tengo una relación muy cercana con otras personas* y *Los demás suelen querer que me implique más emocionalmente de lo que a mí me resulta cómodo.* Creo que tiene sentido que mi estilo de apego sea evitativo. Analizando las nueve características, opino que la que podría estar relacionada con mi capacidad para tener relaciones más estrechas con los demás es la característica del umbral de respuesta emocional. Para esa afirmación en particular escribí: «Soy capaz de mantener la calma cuando me encuentro en una situación molesta o complicada». Siento que estaba condicionado a mantener la calma porque mi madre era incapaz de gestionar ninguna de mis reacciones emocionales. Siempre lo había considerado como una cualidad, porque mi padre siempre me hacía comentarios positivos al respecto. No obstante, como adulto observo que las otras personas lo viven de una manera diferente. He recibido comentarios, como por ejemplo: «Parece que no te importara», «Parece que no te implicas» o «Parece que no te interesas por mí».

He aquí lo que escribió Aryan:

En la evaluación del apego, obtuve puntuaciones altas en dos afirmaciones que estoy empleando en este ejercicio: *Me siento cómodo dependiendo de los demás* y *Me siento cómodo creando relaciones cercanas con otras personas.* Todo eso me parece muy sano. Tengo un estilo de apego seguro. Sin embargo, cuando los combino con las nueve características que conforman mi temperamento, empiezo a entender que precisamente mi temperamento podría ser el responsable de que me sienta bloqueado. Obtuve una puntuación alta en la característica «sensibilidad sensorial» con la siguiente afirmación: *Reacciono muy intensamente frente a los cambios de estímulos en mi entorno*; también en la característica «capacidad de adaptación»: *Me resulta difícil adaptarme a situaciones nuevas*. Esto indica que no me gustan los cambios. Y por mi situación actual sé que haría lo que fuera por evitar un cambio.

Comprender tus patrones de conducta

Cuando reflexionas sobre tus reacciones probablemente no seas capaz de recordar una época de tu vida en la que no te comportaras de ese modo. Esto se debe a que tus patrones de conducta se formaron como resultado de tu trauma. Esa fue tu forma de afrontar el sufrimiento asociado con tus experiencias traumáticas. Y funcionó. Tus patrones conductuales son automáticos y habituales cuando funcionan de manera inconsciente. Y son precisamente esas conductas las que podrían mantenerte estancado en la misma dinámica en tus relaciones afectivas.

O tal vez has estado actuando inconscientemente con el objetivo de crear un resultado diferente para la relación traumática que viviste en la infancia. Hay una expresión psicológica que define esta situación: se conoce como *compulsión a la repetición (o compulsión de repetición)*. Este es el motivo por el que podrías sentirte atraído inconscientemente por el mismo tipo de personas, un tipo que te resulta familiar porque es semejante al de quien desempeñó un rol principal en tu experiencia traumática. Podrías estar repitiendo una conducta similar o reviviendo tu experiencia traumática tratando a la otra persona de la misma forma que te trataron a ti. Este comportamiento está inconscientemente impulsado por un esfuerzo destinado a dominar o controlar la experiencia traumática con el propósito de crear un resultado diferente. Sin embargo, sucede todo lo contrario, pues de este modo el trauma se refuerza y los sentimientos de vergüenza aumentan (Barkley 2022).

En última instancia, la relación que has tenido con tus primeros cuidadores originó patrones de conducta y de relación que se repetirán inconscientemente una y otra vez, hasta que tomes conciencia de dichos patrones. En otras palabras, cualquier relación afectiva se creará a la sombra de tu trauma hasta que consigas esclarecerlo. Y cuando lo hagas, también estarás desentrañando un camino que te permitirá liberarte de tus vínculos traumáticos.

Antes de pasar al siguiente ejercicio, vamos a volver a las creencias fundamentales en las que nos hemos estado enfocando y a algunas de las experiencias asociadas a las relaciones afectivas que pueden desencadenarlas:

- El sentimiento de **abandono** puede desencadenarse si adviertes cambios en la conducta de la otra persona (por ejemplo, en los inicios de una relación te manda mensajes con frecuencia y luego disminuyen gradualmente), si observas que empieza a no estar disponible justificando de algún modo su conducta o sin dar ninguna explicación, si percibes cambios en su estado de ánimo o en su forma de manifestar su afecto (por ejemplo, parece molesta, irritada, distante), si cancela los planes previamente acordados o cambia de opinión en el último momento (y a menudo lo comunica a través de mensajes de texto), si no te presenta a sus amigos, si surgen desacuerdos entre ambos sin resoluciones positivas, si comienza a utilizar el trabajo como una excusa para su escasa disponibilidad, si no te hace sentir seguro o si habla de planes futuros en los que no estás incluido.

- La **desconfianza** y el **maltrato o abuso** pueden surgir por causa de una crítica; por una voz que se eleva o un cambio de tono; por cualquier afecto negativo, especialmente la cólera; por el interés que manifiesta la otra persona por conocerte a un nivel más profundo (esto se puede percibir como una forma de abuso o manipulación); por cualquier intento de intimidad sexual que pudiera recordarte un abuso o maltrato sufrido en el pasado; por temporadas de distanciamiento con o sin explicaciones, o por otras relaciones que tú no comprendes (como puede ser seguir siendo amigo/a de un ex).

- La sensación de **privación emocional** puede activarse cuando sientes que la otra persona no te comprende o no tiene ningún interés en hacerlo, cuando no te pregunta por tus necesidades o si le comentas cuáles son tus necesidades no se ocupa de satisfacerlas, cuando la relación se mantiene en un plano superficial y no parece haber interés en profundizar en ella ni observas ningún esfuerzo por su parte para mejorar la situación o cuando no te expresa sus emociones y no parece interesada en conocer las tuyas.

- La sensación de **imperfección** puede manifestarse frente a cualquier tipo de crítica; por falta de seguridad, ausencia de consuelo o un consuelo condicional; por el deseo de la otra persona de conocerte a un nivel más profundo; por la creencia de que ha visto una parte de ti que consideras un defecto, o porque te desaprueba en algo o expresa que se siente decepcionada.

- La sensación de **dependencia** puede activarse cuando te encuentras en compañía de personas que acabas de conocer o en una situación nueva, cuando debes tomar una decisión por ti mismo, cuando debes afrontar un nuevo desafío o cuando alguien en quien confías no está disponible para ayudarte.

- La sensación de **fracaso** puede desencadenarse si te comparan, o te comparas tú mismo, con otras personas; en cualquier situación que te haga sentir que no das la talla frente a los logros, el talento, la idoneidad, el atractivo o la inteligencia de los demás; cuando estás con alguien a quien consideran mejor que tú; ante cualquier crítica, o por el deseo de conocerte que alguien manifiesta.

- La sensación de **sometimiento** puede surgir si te encuentras en una situación en la que sientes que tus necesidades no son importantes o con una persona cuyas necesidades consideras más importantes que las tuyas; también si observas que alguien está intentando controlarte.

Conectar las afirmaciones de las creencias fundamentales con las situaciones que las desencadenan

Vuelve a las afirmaciones de las creencias fundamentales del capítulo anterior en las que has obtenido una puntuación alta. Para cada una de ellas, identifica su relación con la situación que la ha desencadenado. ¿Cuál de ellas te resuena? ¿Existen otras situaciones desencadenantes que se relacionen con cada una de tus creencias fundamentales? Tómate tu tiempo para reflexionar y responder a estas preguntas en tu diario.

Vamos a ocuparnos ahora de cómo han completado el ejercicio Camila, Ian y Aryan.

Camila escribió sobre las situaciones desencadenantes de sus creencias fundamentales de abandono y privación emocional. Por si no lo recuerdas, obtuvo una puntuación alta en las siguientes afirmaciones:

- **Abandono.** *Me atormenta pensar que las personas que quiero fallecerán o me abandonarán. Me aferro a las personas porque tengo miedo de que me abandonen. Sigo enamorándome de gente que no se compromete conmigo. Me desespero cuando alguien que quiero se aleja de mí. Me obsesiono tanto con la idea de que mis parejas me abandonarán que finalmente las impulso a hacerlo.*
- **Privación emocional.** *Necesito más amor del que recibo. Nadie me comprende realmente. A menudo me atraen parejas de temperamento frío que no pueden colmar mis necesidades. No tengo a nadie que me escuche de verdad y sintonice con mis verdaderas necesidades y sentimientos.*

He aquí lo que Camila escribió en su diario:

En cuanto al abandono, esta creencia se desencadena cuando se produce cualquier cambio en los envíos de mensajes de texto o cuando las respuestas no llegan lo suficientemente rápido, cuando se cancelan o posponen planes previamente acordados, cuando se utiliza el trabajo como una excusa para no estar disponible y cuando no me incluyen en las salidas con sus amigos. Debido a mi creencia fundamental de privación emocional, me trastorna que no muestren interés por conocerme más profundamente, que no reconozcan mis emociones o no se preocupen por cómo me siento, que no me expresen lo que sienten por mí... cuando se muestran retraídos o distantes.

Vamos a ver ahora cuáles fueron las respuestas de Ian, que obtuvo una puntuación alta en las afirmaciones correspondientes a las creencias fundamentales de desconfianza y abuso, privación emocional e imperfección:

- **Desconfianza y abuso o maltrato.** *Me da miedo dejar que las personas se acerquen mucho a mí porque siempre creo que van a hacerme daño.*
- **Privación emocional.** *Me siento desconectado, incluso de las personas con las que tengo una relación más estrecha. Me resulta difícil dejar que los demás me quieran. Me siento solo la mayor parte del tiempo.*

- **Imperfección.** *Fue mi culpa que mis padres no me quisieran. Me avergüenzo mucho de mí mismo. Uno de mis mayores miedos es que se conozcan mis defectos.*

He aquí lo que escribió Ian en su diario con referencia a las situaciones que desencadenan reacciones emocionales:

Creo que todas mis afirmaciones están relacionadas. En cuanto a la desconfianza y al abuso o maltrato, me pone nervioso que alguien haga todo lo posible por conocerme más. Considero que eso le da más posibilidades de hacerme daño. En cuanto a la creencia de privación emocional, mi reacción se desencadena cuando alguien expresa emociones intensas. Quizás sea yo el único que las experimenta como algo intenso, pero me hace sentir que la otra persona tiene la expectativa de que yo actúe del mismo modo con ella, y eso me hace sentir incómodo. Otra situación desencadenante se produce cuando alguien me expresa lo que siente por mí. El desencadenante de la sensación de imperfección es semejante al de la desconfianza y el abuso o maltrato, es decir, percibir que una persona pretende conocerme más.

Aryan identificó las situaciones desencadenantes relacionadas con sus creencias fundamentales de abandono, imperfección y dependencia. Estas son las afirmaciones en las que obtuvo una puntuación alta:

- **Abandono.** *Me atormenta pensar que las personas que quiero fallecerán o me abandonarán.*
- **Imperfección.** *Me avergüenzo mucho de mí mismo.*
- **Dependencia.** *No me siento capaz de salir adelante por mis propios medios. No me siento capaz de gestionar mi vida. No tengo a nadie que me oriente y tengo problemas para asumir nuevas tareas. No confío en mi propio juicio.*

A continuación vamos a ver lo que Aryan escribió en su diario:

Me perturba mucho que mi pareja no me ofrezca seguridad; también cuando lo escucho hablar con uno de sus amigos haciendo planes en los que no me incluye y frente a cualquier cambio de humor (todas estas afirmaciones están relacionadas con mi creencia fundamental de abandono). Los factores que desencadenan mi creencia fundamental de imperfección incluyen que me critiquen, que desaprueben alguna de mis conductas o que me expresen que los he decepcionado. En cuanto a mi creencia fundamental de dependencia, se activa si siento que no puedo contar con mi pareja cuando tengo un problema o necesito su ayuda para algo.

Ahora vamos a analizar algunas de las conductas de afrontamiento relacionadas con cada una de sus creencias fundamentales:

- **Abandono.** Cuando se activa esta creencia fundamental, puedes reaccionar de forma desmedida frente a comentarios o comportamientos de la otra persona que tienen poca importancia y que sueles considerar como una señal de que te rechazarán o abandonarán. Tienes dificultades para estar alejado de la otra persona durante un periodo prolongado de tiempo. Nunca estás plenamente convencido de que la persona que quieres se quedará a tu lado. Te alejas de ella, o le manifiestas tu rechazo, antes de sentirte abandonado o rechazado. Acusas a tu pareja de querer estar con otra persona o eres excesivamente celoso. Te aferras a los demás. Evitas las relaciones íntimas por temor a ser abandonado o herido.
- **Desconfianza y maltrato o abuso.** Cuando se desencadena esta creencia fundamental, tu reacción podría ser atacar verbalmente o criticar a la otra persona. También puede ocurrir que te disocies o retraigas, trates de distender la situación adjudicándote la culpa de lo que ha sucedido, intentes apaciguar los ánimos pidiendo disculpas o te comportes de la misma forma que la persona que abusó de ti o te maltrató en la infancia.

- **Privación emocional.** Cuando esta creencia fundamental se activa, podrías reaccionar pidiendo a la otra persona que se ocupe de satisfacer tus necesidades o enfadándote porque nunca lo hace. Es posible que tomes distancia o que pidas objetos materiales en vez del amor y la comprensión que anhelas.

- **Imperfección.** Cuando esta creencia fundamental se desencadena, podrías esconder aspectos de ti mismo para evitar que conozcan lo que tú percibes como defectos. Te menosprecias. Te pones a la defensiva o asumes una actitud hostil cuando recibes críticas. Como respuesta, criticas a los demás. Comienzas a sentir celos y te muestras posesivo. Das por terminada una relación si te sientes expuesto. Evitas las relaciones más profundas.

- **Dependencia.** Cuando se activa esta creencia fundamental, podrías reaccionar dejando que los demás tomen decisiones por ti. Empiezas a sentirte agobiado y te retraes. Delegas el control de la situación en la otra persona. Te enfadas si los demás no te ayudan. Sientes pánico cuando tienes que tomar una decisión.

- **Fracaso.** Cuando esta creencia fundamental se desencadena, podrías responder postergando las cosas. Tu rendimiento empieza a ser inferior a lo normal. Eliges estar con personas que son menos exitosas que tú. Minimizas tus logros. Exageras tus errores y puntos débiles. Te concentras en una de tus cualidades (como puede ser tu apariencia física) para eludir el pensamiento de sentirte un fracasado.

- **Sometimiento.** Cuando se activa esta creencia fundamental, podrías reaccionar intentando complacer a los demás. Posiblemente te enfades. O quizás antepongas las necesidades ajenas a las propias. Empiezas a actuar de manera pasiva y sumisa. Permites que los demás asuman el control.

¿Has reconocido algunas conductas de afrontamiento que te resulten familiares? Apúntalas en tu diario. Y anota también todas las conductas de afrontamiento que no se encuentren en la lista, pero a las que sueles recurrir en situaciones difíciles. En el siguiente ejercicio vamos a reunir toda esta información.

Identifica tus conductas de afrontamiento

Este ejercicio te ofrecerá la oportunidad de analizar tus relaciones afectivas para identificar cuáles son las situaciones que actúan como factores desencadenantes para ti. Si actualmente estás saliendo con alguien o tienes una pareja estable, puedes basarte en esa relación para hacer el ejercicio. Si en este momento no sales con nadie, entonces piensa en tu última relación o tu última cita, que podría ser la que te haya impulsado a escoger este libro. Una vez que hayas identificado la situación conflictiva, podrás reconocer la creencia fundamental que desencadenó tu respuesta automática de afrontamiento y el resultado (el efecto que produjo tu respuesta conductual). En este momento, puedes calificarla como una «consecuencia» porque está interponiéndose en tu camino hacia una relación sana. Comprender de qué manera tu respuesta de afrontamiento te mantiene bloqueado en una relación basada en un vínculo traumático es un gran paso en dirección al cambio. ¡Vamos a empezar!

Comienza por apuntar en tu diario una situación conflictiva que se haya producido en una relación afectiva. ¿Cuál es la creencia fundamental que desencadenó? ¿Cuál fue tu respuesta de afrontamiento? Por último, escribe el resultado o la consecuencia. Repite este ejercicio con todas las situaciones que hayan desencadenado creencias fundamentales en una relación afectiva.

Situación asociada con una relación afectiva:

Creencia fundamental desencadenada:

Respuesta de afrontamiento:

Resultado o consecuencia:

¿Cómo te has sentido después de concluir el ejercicio? ¿Te ha resultado útil relacionar tus creencias fundamentales, las afirmaciones referidas a las creencias fundamentales y las situaciones que pueden desencadenarlas? Es bastante frecuente que no se establezca o no se perciba esta conexión, debido a que opera de manera inconsciente.

Veamos ahora cómo Camila completó su ejercicio:

Situación asociada con una relación afectiva: *no recibo ninguna respuesta al mensaje que he enviado a la persona que quiero. Espero durante dos horas interminables.*

Creencia fundamental desencadenada: *abandono, privación emocional.*

Respuesta de afrontamiento: *envío un nuevo mensaje en el que le pregunto si se encuentra bien.*

Resultado o consecuencia: *me responde con un mensaje breve en el que me comunica que está ocupada o no recibo ninguna respuesta. El resultado es que mi conducta termina alejando a los demás, y no me permite disfrutar del tipo de relación amorosa que yo deseo.*

Así es como Ian completó el ejercicio:

Situación asociada con una relación afectiva: *tengo una cita, y la persona con la que me encuentro no deja de hacerme preguntas sobre mi vida.*

Creencia fundamental desencadenada: *desconfianza y maltrato o abuso, privación emocional, imperfección.*

Respuesta de afrontamiento: *intento esquivar sus preguntas, y esto provoca que el encuentro resulte un poco incómodo. Entonces se me ocurre que la otra persona puede pensar que tengo algo que ocultar.*

Resultado o consecuencia: *no volvemos a vernos, y yo sigo sintiéndome solo.*

He aquí como Aryan completó el ejercicio:

Situación asociada con una relación afectiva: *mi pareja se enfada conmigo.*

Creencia fundamental desencadenada: *abandono, dependencia.*

Respuesta de afrontamiento: *me disculpo y le ruego que me perdone.*

Resultado o consecuencia: *me perdona y volvemos a la misma situación anterior, pero entonces yo voy con pies de plomo para que él se sienta feliz a costa de mi propia felicidad.*

¿Has sido capaz de ver con qué facilidad incurres en patrones de conducta inconscientes que en una época de tu vida te protegieron y ayudaron a afrontar tu sufrimiento, pero ahora son perjudiciales no solo para ti sino también para tus relaciones y te causan todavía más sufrimiento? ¿De qué has tomado conciencia? Si te apetece, escribe algo en tu diario relacionado con este tema.

Seguimos adelante

En este capítulo hemos presentado la función del temperamento, las situaciones desencadenantes y los patrones de conducta de afrontamiento que te mantienen entrampado en relaciones basadas en vínculos traumáticos, relaciones tóxicas y apegos que no son sanos. Te hemos ofrecido mucha información, y probablemente no te haya resultado fácil reconocer las conductas que están reforzando tus creencias fundamentales. Quizás el proceso te resulte doloroso, pero ten en cuenta que estás avanzando. Tómate algún tiempo para reflexionar sobre el progreso que has hecho hasta el momento.

Cuando estés preparado puedes pasar al siguiente capítulo, que se centra en los tipos de personas por las que puedes sentirte atraído, las estrategias que utilizan para sacar provecho de tus vulnerabilidades y cómo puedes defenderte para no ser manipulado.

CAPÍTULO 4

Trampas de las relaciones basadas en vínculos traumáticos

En este capítulo encontrarás la información que necesitas para comprender que tu miedo está gobernando tus decisiones. Al responder a las evaluaciones, tal vez hayas observado que sigues comportándote del mismo modo que lo hacías en la relación que originó el trauma en tu infancia. También puede ser que hayas notado que has asumido el rol de la persona que te traumatizó, o al menos alguno de sus patrones de conducta. O tal vez te sientas atraído por personas semejantes a aquellas que causaron el trauma original. En los tres casos, el resultado es una relación basada en vínculos traumáticos. Actúas como si todo el mundo fuera la misma persona que provocó el trauma, o escoges personas que se parecen a ella. Y esto es comprensible.

Nuestro impulso es buscar lo que conocemos, lo que nos resulta cómodo, aun cuando sea tóxico. Esto parece más fácil que tolerar los intensos sentimientos que acompañan a la incertidumbre y lo desconocido. Después de todo, somos criaturas de costumbres. Por lo tanto, buscas inconscientemente parejas, o fomentas experiencias, que refuerzan los miedos derivados del trauma original. Es posible que estos miedos hayan estado gobernando tus decisiones y tus conductas sin que fueras consciente de ello. Este capítulo contiene ejercicios que te ayudarán a identificar roles y guiones familiares de tu infancia que siguen presentes en tu estado adulto.

Tipos tóxicos

Vamos a empezar por analizar los tipos tóxicos que desencadenan y refuerzan tus creencias fundamentales. Uno de dichos tipos puede haber causado tu trauma original o puede representar un tipo de persona por la cual te sientes atraído.

Las personas que te abandonan. Sus conductas y emociones son impredecibles. Parecen inestables (no parecen estar asentadas en su profesión, hogar ni vida personal). No están disponibles (se comunican contigo de forma discontinua, y no puedes comunicarte con ellas con la frecuencia que deseas).

Las personas que te maltratan o abusan de ti. Se aprovechan de tus vulnerabilidades, te hacen daño físico o verbal, o abusan sexualmente de ti.

Las personas que te controlan. Esperan que priorices sus necesidades; sin embargo, ellas no respetan ni priorizan las tuyas. Querrán dominarte. Te harán sentir culpable si no te sometes a su voluntad. Te sustraerán el poder de tu vida.

Las personas que te critican. Te hacen sentir inferior en cualquier aspecto. Te comparan negativamente con los demás y también con ellas mismas.

Las personas que te denigran. Te hacen sentir indigno, no amado y solo. Te impiden tener la relación afectiva que deseas.

Las personas que te dejan devastado. Se aprovechan de tus defectos. Te hacen sentir que no eres suficientemente bueno para ellas y también que no mereces respeto, elogios ni aprecio.

Conductas tóxicas y desencadenantes

Ahora vamos a ocuparnos de algunas de las conductas tóxicas y desencadenantes que puedes haber experimentado. Hay muchas conductas tóxicas relacionadas con las citas románticas y las relaciones amorosas. Es muy probable que hayas incurrido al menos en alguna de ellas. A medida que leas la lista de conductas que presentamos a continuación, intenta identificar cuál es la que has experimentado. Si observas que en tus relaciones pasadas o actuales te has sentido particularmente vulnerable debido a alguna de ellas, apúntalo en tu diario. También es importante que tomes conciencia de todas las conductas que observas en ti mismo. Esto puede desencadenar algunos sentimientos de vergüenza. La mayoría de las personas incurren, o han incurrido, en lo que identificamos como conductas tóxicas. Volveremos a este tema en el capítulo diez, donde hablaremos de las nuevas estrategias que se pueden utilizar a la hora de salir con alguien.

Bombardeo de amor (*lovebombing*). Es una forma de manipulación en la cual tu pareja te halaga exageradamente y te prodiga excesiva atención y afecto al inicio de la relación para que te entregues por completo. Aparentemente es un intento de consolidar la unión, pero en realidad tiene el propósito de controlarte. En cuanto logra conquistar tu confianza y dependencia, te desvaloriza y al final termina rechazándote.

Luz de gas (*gaslighting*). Esta forma de manipulación está destinada a provocar que dudes de ti mismo y niegues tu realidad. El manipulador quiere que sientas que estás perdiendo la razón para poder controlarte y conseguir finalmente que aceptes su versión de la realidad (Conrad 2023).

Desaparecer como un fantasma (*ghosting*). Esta conducta implica suspender todo tipo de mensajes y dar por terminada la relación sin comunicarlo y sin tener en cuenta los pensamientos y sentimientos de la otra persona.

Hacer el zombi (*zombeing*). Esta conducta se refiere a cuando alguien desaparece de tu vida, y luego vuelve a ponerse en contacto contigo después de un prolongado periodo de silencio, como si hubiera «vuelto a la vida».

Refuerzo intermitente (*breadcrumbing*). Esta conducta tiene lugar cuando alguien con quien has salido ocasionalmente vuelve a ponerse en contacto contigo. Podría hacerlo para que sigas pendiente de él o ella, o para fortalecer su ego cuando lo necesita, sin tener en cuenta, ni reconocer, el impacto negativo que ese nuevo acercamiento puede tener en ti.

Pareja escondida (*pocketing*). Esto sucede cuando alguien no presenta a la persona con la que está saliendo a sus amigos y familiares. La «esconde». Puedes sentir que te están ocultando o que no eres deseado, y te surgirán muchas preguntas acerca de otros aspectos de la vida de tu pareja en los que no estás incluido. Aunque esta conducta no siempre es tóxica, un abusador podría recurrir a ella para generarte dudas y hacerte sentir inseguro.

Tendencia a buscar el mismo tipo de personas (*groundhogging*). Este es un patrón de conducta mediante el cual se tiende a buscar el mismo tipo de persona una y otra vez, generalmente un «tipo» que no es el adecuado.

Eclipsar (*eclipsing*). Esta situación tiene lugar cuando tu pareja se relaciona con todos tus amigos y adopta todos tus intereses y aficiones. La intención de esta conducta podría ser positiva: quiere interesarse por todas las cosas y personas que te importan. Sin embargo, también es posible que la intención sea tóxica: tu pareja pretende desdibujar tus límites personales, eliminar tu autonomía y estar presente en tu vida en todo momento (Cherelus 2023). Eclipsar puede coincidir con el bombardeo de amor.

Tipos tóxicos y conductas desencadenantes

Utiliza tu diario para apuntar cómo se conecta tu experiencia con los tipos tóxicos y las conductas desencadenantes descritas anteriormente, con cualquiera de tus relaciones pasadas o actuales.

Vamos a escuchar la historia de Joy y a ver cómo ha respondido a este ejercicio sobre los tipos tóxicos y las conductas. El padre de Joy luchaba con su adicción al alcohol y las drogas. Cuando estaba sobrio en un periodo de abstinencia vivía en su casa con su familia, formada por su esposa, Joy y el hermano pequeño de esta. Sin embargo, cuando volvía a las andadas se marchaba de casa de forma imprevista. Mientras vivía con su familia hacía esfuerzos para ser amable con Joy y le prodigaba todo el amor y afecto que ella necesitaba y merecía. Desafortunadamente, a menudo su adicción le arrebataba lo mejor de sí mismo, y Joy se sentía abandonada y privada del amor que tan desesperadamente necesitaba de su padre. Las evaluaciones de los capítulos uno y dos revelaron su estilo de apego ansioso y sus creencias fundamentales de abandono y privación emocional.

Sus respuestas fueron las siguientes:

Tipo tóxico. *Me siento atraída por* personas que me abandonan *y que llegan a mi vida pisando fuerte. Suelen decirme que nunca han conocido a nadie como yo. Sus palabras están diseñadas para hacerme creer que somos almas gemelas. Afirman querer saberlo todo de mí. Parecen sinceramente interesadas en mi vida, el pasado, el presente y el futuro. Al principio están en constante contacto conmigo a través de mensajes de texto durante las horas laborales, llamadas telefónicas las noches que no estamos juntos y citas que incluyen dormir juntos.*

Conducta tóxica. *Me siento vulnerable frente a cualquier persona que utilice el* bombardeo de amor. *Me hace sentir que finalmente he encontrado a alguien que quiere conocerme, comprenderme y amarme de verdad. En un nivel emocional profundo creo que van a llenar el vacío que* *siento, esa necesidad no satisfecha que ha generado mi creencia fundamental de privación emocional. Pero después de un breve periodo de tiempo, vuelvo a tener los mismos sentimientos de tristeza y desesperanza que experimenté cuando mi padre se marchó de casa. Me resulta realmente devastador.*

Tipo tóxico. *Me resultan atractivas las* personas que me controlan. *Yo no las veo como controladoras. Cuando las conozco, las considero personas fuertes y competentes que podrían ser capaces de cuidar de mí asiduamente, como mi padre nunca hizo. Pero con el paso del tiempo llego a darme cuenta de que solo se preocupan de sí mismas —sus necesidades, sus deseos— y de su mundo. Y yo me limito a vivir en ese mundo. Nunca antes lo había pensado, pero ahora entiendo que todo esto tiene que ver con todo lo que viví con mi padre, a pesar de que nunca lo consideré una persona fuerte. Todo giraba en torno a sí mismo, su vida era más prioritaria que la de los demás. Es extraño que dos personas que al parecer son tan diferentes puedan hacerme sentir lo mismo: que mis necesidades no son tan importantes como las suyas.*

Es relevante destacar que cuando te sientes atraído por ciertas conductas y tipos tóxicos, lo más probable es que tu compromiso y tu interacción con esas personas den como resultado un bucle tóxico. En otras palabras, *ambos* os comportáis y os comunicáis de forma tóxica aunque en diversos grados. Tomar conciencia de esto te motivará a utilizar las herramientas necesarias para reconocer las conductas y los tipos tóxicos que han dominado tu vida y te han causado sufrimiento.

¿Cómo te sientes después de haber identificado las conductas y los tipos tóxicos que han formado parte de tus relaciones? Apunta tu respuesta en tu diario.

Seguimos adelante

Si te sientes avergonzado por alguna de estas conductas tóxicas, independientemente de que te encuentres en posición de dar o recibir, recuerda que tu comportamiento ha sido impulsado por el miedo. Es comprensible que en el pasado hayas incurrido en estos patrones. Ahora te estamos haciendo consciente de ello para que puedas reconocer qué es lo que te ha mantenido bloqueado en relaciones basadas en vínculos traumáticos y en relaciones tóxicas.

En el siguiente capítulo conocerás un poco más las razones por las que te sientes atraído por tipos tóxicos. Quizás te estés preguntando: «Si son tan perjudiciales para mí, ¿por qué me apego tanto a ellos y experimento emociones tan intensas?».

CAPÍTULO 5

Intensidad frente a intimidad

Después de haber identificado los tipos tóxicos de personas y conductas que has experimentado, o estás experimentando actualmente, tal vez te sientas un poco confundido al pensar cómo una relación que comenzó tan bien puede convertirse en una relación basada en un vínculo traumático o en una relación tóxica. Este capítulo te ayudará a analizar y comprender por qué te sientes atraído por ciertos tipos de personas y conductas que al principio te proporcionan buenas sensaciones y finalmente terminan muy mal.

¿Recuerdas a Joy, del capítulo anterior? Ella es vulnerable al *bombardeo de amor*. Tiene una creencia fundamental de privación emocional (durante sus años de desarrollo recibió poco cariño, o casi nada, y ningún tipo de apoyo emocional, o los recibía de forma discontinua). Nunca ha experimentado lo que se siente al recibir frecuentes expresiones de amor, de modo que no reconoce la diferencia entre la sensación de compartir una verdadera intimidad y una gran intensidad. La intensidad que confunde con intimidad se debe al miedo provocado por su creencia fundamental (la idea de que nunca recibirá el amor que necesita). Es como una adicción, nunca tiene suficiente. Y las relaciones basadas en vínculos traumáticos prosperan precisamente debido a la intensidad; la intensidad del miedo sirve para profundizar el vínculo.

De hecho, seguramente habrás visto programas de telerrealidad que muestran el poder que tiene el miedo para vincular a las personas. Si has visto alguna vez *The Bachelor* o *The Bachelorette*,[*] sabrás que suelen arreglar una cita para una pareja en la que deben realizar una actividad que da miedo (como por ejemplo, tirarse desde un puente con una cuerda elástica, saltar en paracaídas o nadar con tiburones, por citar solamente algunas de ellas). Su ansiedad y su miedo son estimulados hasta niveles máximos. Ambos realizan juntos esa actividad y consiguen sobrevivir. Y no solo sobreviven, sino que también se sienten más unidos. El miedo profundiza su vínculo e intensifica su relación. Es fácil comprender por qué podrías ser inconscientemente adicto a esos sentimientos tan intensos.

---

[*] N. de la T.: *The Bachelor* o *The Bachelorette* ('el soltero', 'la soltera') es una serie de telerrealidad estadounidense sobre citas y relaciones amorosas.

Intenta pensar por un segundo en la dinámica opuesta: ¿has experimentado alguna vez la sensación de encontrarte con alguien que te pareció agradable antes de conocerlo en persona, y también después, pero sin embargo no te hace sentir nada especial? No sientes mariposas en el estómago, no piensas obsesivamente en esa persona ni tampoco estás pendiente de que te llame. Lo pasas bien cuando estás con ella, pero para ti no hay química. Después de algunas citas, o quizás ya en la primera, te decides a comunicarle que tenéis diferentes expectativas o sencillamente que no crees poder mantener una relación amorosa con él o ella. En algunas ocasiones, tu sensación de incompatibilidad puede ser correcta. No obstante, también es probable —especialmente si tienes un estilo de apego y creencias fundamentales que pueden predisponerte a establecer relaciones basadas en vínculos traumáticos— que hayas renunciado a conocer a alguien con quien podrías construir una relación sana y crear una verdadera intimidad. Es comprensible que estés confundido en relación con este tema si cuando eras niño no recibiste cariño ni experimentaste un apego sano. Y aunque deberías confiar en tus instintos, también es importante tomar conciencia y experimentar con lo desconocido que, en este caso, podría ser una alternativa saludable a los tipos de personas por las que te sientes atraído debido a tu creencia fundamental y con las cuales sientes que sí hay química.

Lo esencial de tu confusión con respecto al amor

Volvamos a tus creencias fundamentales. Como ya hemos visto en el capítulo dos, al analizar profundamente las creencias fundamentales a través de dos autoevaluaciones, dichas creencias se formaron porque en tu infancia faltaron elementos cruciales y también por la relación que hubo entre tú y tus cuidadores. No recibiste todo lo que necesitabas y merecías —seguridad, amor, aceptación, comprensión, empatía, afecto, guía, independencia— y debido a su ausencia experimentaste altos niveles de miedo y ansiedad, que te llevaron a calmar dichos sentimientos como mejor pudiste. Tus relaciones tempranas y el ambiente en que has crecido, que dieron lugar a tus creencias fundamentales y a tu estilo de apego, crearon un modelo para tus relaciones futuras. Aunque lo que viene a continuación parezca carecer de sentido, es muy probable que te sientas atraído por, o sientas una conexión «conocida» con:

- Una persona o un ambiente inestable o no fiable, si tienes una creencia fundamental de abandono.
- Una persona que te hace daño, te traiciona o te manipula, si te identificas con una creencia fundamental de desconfianza y maltrato o abuso.

- Una persona que carece de calidez, empatía, atención y cariño, si tienes una creencia fundamental de privación emocional.

- Una persona que destaca tus defectos y te hace sentir indigno, imperfecto o inferior, si te identificas con una creencia fundamental de imperfección.

- Una persona que te hace sentir incapaz o inútil, si tienes una creencia fundamental de dependencia.

- Una persona que te provoca sensaciones de ineptitud e incompetencia, si tienes una creencia fundamental de fracaso.

- Una persona que antepone sus deseos y necesidades a los tuyos, si tienes una creencia fundamental de sometimiento.

Aunque estas parejas asuman diferentes formas (género, color de pelo, altura, profesión, etcétera) y se presenten de un modo que es singular para cada una de ellas, en cuanto analices un poco más la situación te darás cuenta de que se parecen a una de las personas que te cuidaban cuando eras niño o que el ambiente que se crea entre vosotros te recuerda al de tus años de desarrollo.

Trae tu pasado al presente

Escribe en tu diario sobre las experiencias o los incidentes de tu pasado que consideras que han sido momentos determinantes para ti. Si sientes que el hecho de
escribir sobre esas experiencias puede desencadenar
emociones incontenibles, deberías considerar la posibilidad de hacerlo con tu terapeuta o con un amigo de
confianza que esté capacitado para ayudarte a lo largo
del proceso.

Para ilustrar mejor esta idea, veamos la historia de
Amber.

Amber creció en un hogar donde el ambiente era
muy tenso. Su madre, sus dos hermanos y ella misma
se movían con mucha cautela cuando el padre estaba
en casa. Él trabajaba en una fábrica de automóviles, de
modo que, a diferencia de su estado de ánimo, su ho-
rario de trabajo era predecible. Cuando volvía a casa lo
único que quería era sentarse en su sillón favorito, be-
ber la primera de las cuatro cervezas que consumía cada
noche y ver las noticias y los programas de deportes. No
soportaba ni siquiera el ruido normal que hay en una familia con tres niños. Amber observaba la forma en que
su madre actuaba con su padre y la imitaba.

Cuando los hermanos mayores de Amber se pe-
leaban, su padre solía acabar con la pelea azotándolos
con un cinturón. Aunque ella nunca recibió ese duro

castigo, lo presenciaba frecuentemente. Su madre hacía lo imposible por conseguir que sus hermanos no se portaran mal antes de que su padre perdiera los nervios. Amber consideraba que su madre era cariñosa y compasiva, así que desafortunadamente sintió que podía compartir con ella una experiencia traumática que había vivido. El hermano mayor de Amber había abusado de ella. Lamentablemente, Amber no recibió el amor ni la comprensión que esperaba de su madre; por el contrario, la invitó a olvidar lo sucedido y no hablar nunca más de ello, porque su padre era capaz de matar a su hermano si se enteraba.

Conecta tus creencias fundamentales con tus experiencias pasadas

Identifica las creencias fundamentales y las afirmaciones asociadas que están vinculadas con la experiencia o los incidentes sobre los que has escrito. Apúntalas en tu diario.

Ahora vamos a analizar los mensajes que Amber recibió de su familia y su entorno. Esto es lo que escribió: *Tengo una creencia fundamental de* abandono. *Esta es la afirmación con la que me identifico:* «Las personas más cercanas a mí son impredecibles. En un determinado momento están junto a mí y al siguiente se han marchado».

Lo he sentido de diversas maneras. La relación con mi madre cambió drásticamente cuando le conté que mi hermano había abusado de mí. Nunca volvimos a hablar del tema, y ella actuó como si aquello nunca hubiera ocurrido. Yo sentí que me había abandonado... al menos emocionalmente. Y a pesar de que mi padre nunca me pegó, sus estados de ánimo creaban un ambiente impredecible.

Las afirmaciones que son relevantes para mi creencia fundamental de desconfianza y maltrato o abuso *son:* «Aquellos en los que podría haber confiado abusaron de mí física, verbal o sexualmente». *Como es evidente, esto está relacionado con la experiencia que viví con mi hermano mayor.* «Mi casa no era un sitio seguro» y «No podía confiar en ninguno de los miembros de mi familia» *son dos afirmaciones que coinciden con mi experiencia. En un nivel físico, había amenazas constantes por el temperamento de mi padre y las peleas de mis hermanos. Y después de que mi hermano abusara de mí, ya nunca volví a sentirme segura. Solía encerrarme en mi habitación, lo que es bastante raro pues se supone que tu casa es el único lugar donde deberías sentirte protegida. Después de contarle a mi madre lo que me había sucedido, y que ella reaccionara del modo en que lo hizo, jamás me sentí emocionalmente segura y ya no pude confiar en ella.*

Una afirmación que me resuena y está asociada con mi creencia de imperfección *es:* «Me avergüenzo mucho de mí misma». *Creo que cuando mi madre no empatizó con mi experiencia y, por el contrario, me hizo sentir que mi hermano iba a tener muchos problemas si se sabía que había abusado de mí, me hizo sentir que yo era la culpable y también que a ella le importaba más mi hermano que yo. ¿Qué hay de malo en mí?*

Dos afirmaciones asociadas a mi creencia fundamental de sometimiento son: «Me preocupa que los demás se enfaden, tomen represalias y me rechacen si no me ocupo de satisfacer sus deseos» *y* «Las necesidades, la seguridad y el bienestar de los demás me importan más que los míos». *Sentí que mi madre me puso en un aprieto al decirme que mi padre mataría a mi hermano si se enteraba de lo que había sucedido. Eso me hizo sentir que era esencial que antepusiera el bienestar de mi hermano al mío, a pesar del inmenso daño que me había causado.*

En resumen, el ambiente en el que vivía Amber era impredecible e inseguro, no tenía ningún apoyo emocional y sentía que había algo malo en ella, y que sus necesidades eran menos importantes que las de los demás. Aunque tu historia sea diferente a la de Amber, es probable que también hayas tenido experiencias que se convirtieron en mensajes que más tarde fueron interiorizados y ahora condicionan tus elecciones de pareja y la dinámica de tus relaciones.

Conecta tus creencias fundamentales con tus experiencias actuales

Ahora que has identificado las afirmaciones asociadas con tus creencias fundamentales y has escrito sobre cómo se relacionan con tus experiencias pasadas, conéctalas con tus experiencias actuales. Escribe en tu diario en qué se asemejan dichas situaciones.

Vamos a volver a la historia de Amber para ilustrar los patrones que a menudo se crean de forma inconsciente.

Las elecciones de pareja de Amber en su vida adulta eran inconscientes. Debido a que sus parejas parecían diferentes, tenían distintas profesiones, distintos orígenes e intereses variados, no percibió lo que todas tenían en común. Todas reforzaban sus creencias sobre sí misma, los demás y su entorno. Tendía a elegir inconscientemente siempre la misma situación que reproducía el trauma original. Amber estaba bloqueada en una *compulsión a la repetición*.

Una compulsión a la repetición es la necesidad *inconsciente* de reproducir traumas tempranos. Sin saberlo, te sientes atraído por personas o ambientes que son semejantes a los de tu trauma original. Esto lleva a experiencias dolorosas similares y refuerza tus creencias fundamentales. Este impulso podría deberse a un esfuerzo inconsciente por dominar una situación que estaba fuera de tu control cuando se produjo el trauma original. Entonces eras un niño, y ahora eres un adulto. También es posible que los ambientes tóxicos o traumáticos te resulten atractivos porque son «conocidos» para ti, y eso te parece más cómodo que experimentar el miedo frente a lo desconocido. Asimismo, esto facilita que excuses tu comportamiento tóxico y sigas manteniendo un vínculo con el trauma. Cualquiera que sea la motivación inconsciente, para poder liberarte de los vínculos con el trauma y para que tus elecciones de pareja sean conscientes y sanas, es crucial para tu sanación que tomes conciencia de ella.

Todos hemos escuchado afirmaciones semejantes a: «Todas las chicas con las que he salido me han engañado» o «Cuando tengo una relación muy estrecha con una persona, siempre me traiciona». Estas afirmaciones muestran un patrón. Aunque podrías tomar conciencia de los aspectos comunes que hay entre la gente con la que sales o con tus parejas, tal vez todavía sientas una atracción inconsciente por un tipo específico de personas y ambientes. Al ser consciente de las cualidades inherentes a una relación marcada por la intensidad, puedes comenzar a romper el ciclo de tu inclinación inconsciente a repetir el pasado.

En *The Betrayal Bond* [El vínculo de la traición], Patrick J. Carnes (2019) establece una clara diferencia entre intensidad e intimidad. Una relación *intensa* suele caracterizarse por una sensación de falta de control, inestabilidad o volatilidad, grandes altibajos y una carencia general de estructura o consistencia. Este tipo de relaciones pueden ser excitantes y adictivas, y también peligrosas; puedes tener una sensación de fragilidad y estrés que te obliga a actuar de una forma determinada.

Por el contrario, una relación *íntima* se caracteriza por el respeto mutuo, cierto grado de sinceridad y pasión mutua; genuina vulnerabilidad, es decir, una vulnerabilidad que se produce en un contexto de reciprocidad y seguridad emocional; compromiso y estabilidad; paciencia, receptividad y ausencia de secretos; reconocimiento y negociación de las necesidades mutuas, y una resolución sana de los conflictos.

¿En cuál de estos modelos tienden a incluirse tus relaciones? Responde a las siguientes preguntas en tu diario, escribiendo sobre tus experiencias e incluyendo el nombre de la persona o personas implicadas.

1. ¿Has mantenido relaciones en las cuales sobreviviste a los malos tratos o abusos, y no tenías ningún control de la situación?
2. ¿Has sentido miedo y agitación, o falta de seguridad?
3. ¿Has tenido relaciones en las que cuando una de las partes estaba comprometida, la otra no lo estaba? Es decir, ¿era una relación caracterizada por la inestabilidad?
4. ¿Te has sentido amenazado por la traición y el abandono en alguna de tus relaciones?
5. ¿Alguna de tus parejas ha recurrido al drama para manipularte y controlarte, o para dominar la situación?
6. ¿Has tenido relaciones en las cuales no había orden ni reglas, es decir, relaciones que carecían de consistencia?

7. ¿Había en ellas altos niveles de dramatismo (otro indicio de falta de estabilidad)?

8. ¿Has tenido relaciones en las que no había una comunicación sincera, es decir, relaciones en las que imperaban la desconfianza y los secretos?

9. ¿Y relaciones en las que se producían conflictos más allá de lo razonable, donde no había una resolución sana de los problemas ni una buena comunicación?

10. ¿Ha estado alguna de tus relaciones marcada por ciclos de separaciones y reconciliaciones debido al miedo y la ansiedad (que son signos de vínculos traumáticos más intensos)?

Todas estas preguntas describen experiencias de intensidad en una relación. ¿Cómo te sientes después de haber escrito sobre tus experiencias? ¿Cambia tu manera de considerar dichos sentimientos?

Veamos ahora las respuestas de Amber para estas preguntas:

1. ¿Has tenido relaciones en las cuales sobreviviste a los malos tratos o abusos y no tenías ningún control sobre la situación? *Actualmente tengo una pareja que suele culparme por todos nuestros conflictos.*

2. ¿Has sentido miedo y agitación, o falta de seguridad? *Le conté a mi pareja mi trauma de la infancia, y luego él utilizaba la información para avergonzarme cuando se enfadaba conmigo.*

3. ¿Has tenido relaciones en las que cuando una de las partes estaba comprometida, la otra no lo estaba? Es decir, ¿era una relación caracterizada por la inestabilidad? *Sí. En el momento en que yo intentaba dejar la relación, él me prometía que iba a cambiar y me rogaba que no lo dejara. Cuando yo le hacía caso, él se mostraba cariñoso durante un tiempo, pero al final todo volvía a ser como antes.*

4. ¿Te has sentido amenazado por la traición y el abandono en alguna de tus relaciones? *Sí. Siempre que he compartido mi miedo al abandono, luego se ha utilizado para controlarme cuando surgían problemas en la relación.*

5. ¿Alguna de tus parejas ha recurrido al drama para manipularte y controlarte, o para dominar la situación? *Sí. Eso sucede con frecuencia después de haber bebido.*

6. ¿Has tenido relaciones en las cuales no había orden ni reglas, es decir, relaciones que carecían de consistencia? *Sí. Siempre me he relacionado con personas que son impredecibles e inconsistentes.*

7. ¿Habría en ellas altos niveles de dramatismo (otro indicio de falta de estabilidad)? *Siempre hay un poco de drama —un ex que vuelve a ponerse en contacto o un gran conflicto en su trabajo o con su familia—.*

8. ¿Has tenido relaciones en las que no había una comunicación sincera, es decir, relaciones en las que imperaban la desconfianza y los secretos? *Sí.*

Es frecuente que comparta mis secretos con la esperanza de que la otra persona haga lo mismo conmigo, pero esto sucede en muy raras ocasiones. Siempre hay pantallas de móviles bloqueadas y otras señales que indican que tiene algo que ocultar.

9. ¿Y relaciones en las que se producían conflictos más allá de lo razonable, donde no había una resolución sana de los problemas ni una buena comunicación? *Sí. Cuando tenemos una pelea muy intensa, evitamos discutir de los temas reales y a menudo lo «resolvemos» saliendo a cenar y a emborracharnos.*

10. ¿Ha estado alguna de tus relaciones marcada por ciclos de separaciones y reconciliaciones debido al miedo y la ansiedad (que son signos de vínculos traumáticos más intensos)? *Sí.*

¿Cómo te sientes después de haber escrito sobre tus experiencias? *Este ejercicio me abrió mucho los ojos. No me había dado cuenta de cuántos aspectos de mis relaciones amorosas estaban relacionados con las experiencias y sentimientos de mi infancia.* ¿Ha cambiado tu forma de considerar esos sentimientos? *Reconozco ahora que mis elecciones y mi conducta estuvieron influenciadas por mis experiencias tempranas y por el trauma. No era consciente de esa conexión. Ahora entiendo mucho mejor por qué me siento tan bloqueada.*

En su libro *El cuerpo lleva la cuenta*, Bessel van der Kolk (2015) hace una clara diferencia entre los hemisferios derecho e izquierdo del cerebro en lo que se refiere al trauma. Probablemente habrás oído, o aprendido, las diferencias que existen entre los dos hemisferios cerebrales. Los atributos del hemisferio derecho incluyen lo emocional, lo visual, lo intuitivo y lo táctil. Los atributos del hemisferio izquierdo son el análisis, la lingüística y lo secuencial. Las personas en las que predomina el hemisferio izquierdo son más racionales y lógicas, mientras que el derecho es predominante en las personas artísticas e intuitivas. Para nuestros propósitos esto es importante porque la investigación ha demostrado que cuando una situación, experiencia o persona le recuerda a alguien el trauma que ha vivido, el cerebro reacciona como si el trauma estuviera sucediendo en el presente. El lado izquierdo del cerebro —la parte lógica y racional— se «desconecta» y el lado derecho toma el mando.

Esto explica la irrupción de una reacción exagerada frente a un evento que la ha desencadenado, pero también explica por qué sientes esa intensidad con algunas personas y no con otras. El tipo conocido de individuos que asocias con tu trauma activa el lado derecho de tu cerebro, y aumenta tu respuesta emocional. Por este motivo podrías describir tu experiencia con esa persona afirmando que es como si la conocieras de toda la vida. Es intensa, cercana, familiar y cómoda. Y por eso es fácil quedarse bloqueado en una relación basada en vínculos traumáticos o en una relación tóxica.

En su libro *The Betrayal Bond*, Patrick J. Carnes explica que es difícil para el lado lógico y racional del cerebro competir con el lado emocional, pero si prestas atención a la diferencia que existe entre la intensidad —que está conectada con tu vínculo traumático— y la intimidad, puedes tomar decisiones que te conducirán hacia los apegos sanos que te mereces. Con ese fin, vamos a analizar las características inherentes a una relación íntima. Es probable que te resulte más difícil hablar de los aspectos positivos de una relación íntima. Tal vez los hayas experimentado en una relación de amistad. Haz todo lo posible por apuntar junto a cada una de las descripciones en tu diario las experiencias vividas y el nombre de la persona o personas involucradas:

1. ¿Has tenido relaciones caracterizadas por la reciprocidad y el respeto mutuo?
2. ¿Has tenido relaciones en las que había al mismo tiempo pasión y vulnerabilidad, y ambas se podían expresar con toda tranquilidad?
3. ¿Has tenido relaciones en las que había seguridad emocional?
4. ¿Has tenido relaciones duraderas, relaciones marcadas por la estabilidad?
5. ¿Has tenido relaciones en las que has experimentado seguridad y paciencia? Es decir, relaciones en las que el comportamiento de la otra persona te hizo sentir que era seguro para ti experimentar emociones y ella era lo suficientemente paciente contigo como para permitirte sentir lo que sentías y ser tal como eres.

6. ¿Has tenido relaciones en las que ha habido una buena comunicación y una resolución sana de los conflictos?

7. ¿Has tenido relaciones que fueran lo suficientemente estables como para considerar que tenían un alto nivel de desarrollo? Es decir, relaciones en las que ambos podíais crecer, cambiar y ser diferentes sin poner en peligro la relación.

8. ¿Has tenido relaciones en las que no había secretos porque no había necesidad de ocultar nada, es decir, te sentías seguro como para expresarte con total sinceridad?

9. ¿Has tenido relaciones en las que había un reconocimiento claro de las necesidades mutuas y una correcta negociación de esas necesidades?

10. ¿Has tenido relaciones marcadas por una constancia y una seguridad duraderas?

¿Cómo te sientes después de haber respondido a estas preguntas? Si te resulta difícil conectar tu experiencia con alguna de tus relaciones amorosas, o con la mayoría de ellas, no te lamentes. Lo importante de este ejercicio es que trae a la conciencia la brecha que existe entre una relación basada en un vínculo traumático y una relación sana. Una está caracterizada por la intensidad y prospera gracias a ella; la otra se desarrolla y progresa gracias a la intimidad.

Veamos cuáles han sido las respuestas de Amber:

1. ¿Has tenido relaciones caracterizadas por la reciprocidad y el respeto mutuo? *Mi mejor amigo de la universidad y mi jefe.*

2. ¿Has tenido relaciones en las que había al mismo tiempo pasión y vulnerabilidad, y ambas se podían expresar con toda tranquilidad? *Con mi mejor amigo puedo mostrarme emocionalmente vulnerable, pero no hay pasión. No he disfrutado simultáneamente de ambas en ninguna relación íntima.*

3. ¿Has tenido relaciones en las que había seguridad emocional? *Únicamente con mi mejor amigo.*

4. ¿Has tenido relaciones duraderas, relaciones marcadas por la estabilidad? *Estoy con mi pareja desde hace dos años, pero ambos nos amenazamos constantemente con separarnos.*

5. ¿Has tenido relaciones en las que has experimentado seguridad y paciencia? Es decir, relaciones en las que el comportamiento de la otra persona te hizo sentir que era seguro para ti experimentar emociones y ella era lo suficientemente paciente contigo como para permitirte sentir lo que sentías y ser tal como eres. *Podría haberlo sentido al principio de mi relación, pero en cuanto comencé a compartir más mis sentimientos porque pensé que era seguro hacerlo, él les restaba importancia o los olvidaba, especialmente cuando se asociaban con lo que yo sentía con respecto a nuestra relación.*

6. ¿Has tenido relaciones en las que ha habido una buena comunicación y una resolución sana de los

conflictos? *La tengo con mi mejor amigo. Podemos hablar de una forma sana y productiva. Y yo siento que puedo comunicarme positivamente en el trabajo. Lo he intentado con mi pareja y a veces lo hemos conseguido, pero en general nos comunicamos de una forma que no es sana ni productiva y terminamos gritando o tomando distancia.*

7. ¿Has tenido relaciones que fueran lo suficientemente estables como para considerar que tenían un alto nivel de desarrollo? Es decir, relaciones en las que ambos podíais crecer, cambiar y ser diferentes sin poner en peligro la relación. *La tengo con mi mejor amigo. Nos hemos apoyado mutuamente de forma incondicional desde el inicio de nuestra amistad.*

8. ¿Has tenido relaciones en las que no había secretos porque no había necesidad de ocultar nada, es decir, te sentías seguro como para expresarte con total sinceridad? *Sí, con mi mejor amigo. Lo he intentado con mi pareja, pero luego utilizaba mis secretos para manipularme.*

9. ¿Has tenido relaciones en las que había un reconocimiento claro de las necesidades mutuas y una correcta negociación de esas necesidades? *Sí, con mi mejor amigo.*

10. ¿Has tenido relaciones marcadas por una constancia y una seguridad duraderas? *Sí, con mi mejor amigo.*

¿Cómo te sientes después de haber respondido estas preguntas? *Me entristece no haber tenido, ni tener actualmente, una pareja que pueda ofrecerme los aspectos positivos de una relación íntima. Al mismo tiempo, me siento agradecida por tener alguien en mi vida con quien mantengo una relación sana. Sin embargo, me encantaría encontrar eso en una relación amorosa.*

Seguimos adelante

Quizás te sientas agobiado por la enorme brecha que existe entre las dos: la intensidad que has asociado con una conexión fuerte y la intimidad que es el sello distintivo de una conexión verdaderamente fuerte. Y tal vez te preguntes cómo vas a conseguir pasar de una relación basada en vínculos traumáticos a una relación sana. En el capítulo siguiente aprenderás algunas herramientas que te ayudarán a liberarte de los vínculos traumáticos y las relaciones tóxicas, para desarrollar los apegos sanos que deseas y mereces.

CAPÍTULO 6

Lo que tú valoras

Los capítulos anteriores están destinados a hacerte tomar conciencia de cómo tu trauma del pasado, tus creencias fundamentales, tus recuerdos y los factores desencadenantes han estado guiando tus decisiones y manteniéndote bloqueado en relaciones basadas en vínculos traumáticos. Cuando tienes un vínculo traumático, estás viviendo constantemente en el pasado y utilizando tu energía para sobrevivir, tal como hiciste cuando tuvo lugar tu trauma original. Por tanto, tiene sentido que no consigas tener una vida basada en tus valores. Ser consciente de tus experiencias dolorosas y comprender su origen es esencial para liberarte del control que el pasado ejerce en tu vida. ¿Y ahora qué? ¿Cómo navegar por tu vida y crear apegos sanos y duraderos?

Imagina que estás conduciendo un coche y tienes escasa visibilidad. En el asiento trasero hay tres pasajeros que te están dando indicaciones. Tal vez te digan cosas a voces, como por ejemplo: «¡Hazles daño antes de que ellos te lo hagan a ti!», «¡Evita las relaciones!», «¡Solo conseguirás que te hagan daño!», «¡No te muestres vulnerable! ¡Lo usarán en tu contra!», «¡No han contestado tu mensaje! No esperes una respuesta» o «¡Envíales un mensaje en el que les digas que estás harto!». Seguramente comprendes que ninguna de esas afirmaciones es útil. De hecho, han sido generadas por tus creencias fundamentales y te han estado guiando desde que se formaron en tu infancia. Al principio probablemente te ayudaron a mantenerte a salvo, pero ya han superado su vida útil y ahora se interponen en tu camino.

Ahora imagina que recoges a otro pasajero y que se sienta a tu lado. Él te va a guiar para que consigas dejar atrás esa vida innecesariamente dolorosa inherente a las relaciones basadas en vínculos traumáticos y a las relaciones tóxicas. Comenzarás a avanzar hacia una vida guiada por tus propios valores, con el objetivo de crear y mantener apegos sanos. Los pasajeros del asiento de atrás siguen allí —no hay posibilidad de deshacerse de ellos una vez que están en el vehículo—, pero cuanto más escuches a la persona que viaja en el asiento delantero y la dejes ayudarte a decidir qué es lo que debes hacer, más bajas serán las voces de los pasajeros de atrás y más fácil te resultará ignorarlas con el paso del tiempo.

Estás haciendo una transformación muy importante al cambiar tus conductas de afrontamiento automáticas, que identificaste en el capítulo tres, y tus trampas asociadas a las relaciones basadas en vínculos traumáticos, que identificaste en el capítulo cuatro, por tus valores (lo que realmente te importa). Es probable que hayas perdido de vista tus valores porque has estado actuando en modo supervivencia. Y eso tiene sentido. No deberías sentirte avergonzado, ni arrepentido, por las decisiones que creíste adecuadas para mantenerte a salvo. Pero ahora ha llegado el momento de prestar atención a lo que realmente te importa, a lo que valoras y a lo que quieres ser. Cada vez que respondes con una conducta basada en tus valores en vez de dejarte guiar por tus creencias fundamentales, eliminas el sufrimiento causado por conductas que ya no son útiles.

A continuación presentamos una lista de valores, con definiciones y explicaciones destinadas a ayudarte a elegir las conductas que sean más beneficiosas para ti. Tus valores son una guía para decidir cómo deseas comportarte, cómo quieres tratar a los demás, cómo quieres tratarte a ti mismo y cómo deseas que los demás te traten mientras tú te esfuerzas para que tus relaciones amorosas colmen tus necesidades.

Identifica tus valores

Aquí tienes una lista de valores y sus definiciones. Junto a algunas de esas definiciones hay una breve explicación de cómo se manifiesta ese valor en las relaciones.

Lee cada uno de los valores y si te identificas con alguno de ellos escribe una nota en tu diario en la que describas de qué modo podría servirte ese valor.

Aceptación: *reconocer un proceso o situación sin pretender modificarlo ni quejarte.* Si tu relación afectiva está basada en vínculos traumáticos o tienes una relación tóxica, a menudo te bloqueas porque crees que la otra persona, o la situación, se puede cambiar. Aceptar la realidad de que no puedes cambiar a nadie es una parte importante del proceso de abandonar la relación.

Amabilidad: *la cualidad de ser amable, generoso y considerado; de tener una disposición amable hacia los demás e interesarte por ellos.* Cuando buscas una relación amorosa sana, debes considerar que la amabilidad que se expresa con cariño es un atributo clave en una pareja.

Amistad: *una relación basada en valores, aficiones y experiencias compartidos.*

Amor: *cariño profundo y adoración por otra persona.* El amor es un elemento central en una relación íntima.

Audacia: *ausencia de miedo o temor frente a dificultades o desafíos.* Dar por terminada una relación basada en vínculos traumáticos requiere audacia y confianza.

Autoafirmación: *la capacidad de defender las propias emociones y creencias con plena confianza.* Si tienes una relación tóxica o una relación basada en vínculos traumáticos, tal vez te resulte difícil confiar en ti mismo, y por ese motivo te sometes a los deseos y caprichos de tu pareja.

Autocontrol: *la capacidad de gestionar las propias emociones y conductas para evitar consecuencias negativas.*

Compasión (por uno mismo y por los demás): *comprensión del sufrimiento y malestar experimentados por ti mismo y por los demás.* La compasión es un ingrediente clave en las relaciones sanas. La compasión nos ayuda a ver que los demás son semejantes a nosotros mismos y además nos ayuda a tratarnos con la misma amabilidad con que tratamos a nuestros seres queridos.

Comprensión: *tomar conciencia de las situaciones y de los pensamientos y sentimientos propios y ajenos.*

Compromiso: *dedicación a ti mismo y a los demás.* Ambas partes de una relación sana demuestran compromiso y conexión mutuos.

Concentración: *atención consciente o foco en un determinado tema o situación.*

Conexión: *un vínculo entre las personas basado en lo que tienen en común.*

Confianza: *fiarse en la propia honradez y sinceridad.* Este será un valor difícil, que sin embargo merece la pena adquirir, para alguien que tiene una creencia fundamental de desconfianza y maltrato o abuso.

Crecimiento: *desarrollo y cambio.* En el proceso de acabar con tus apegos tóxicos, experimentarás un inmenso crecimiento personal. Las relaciones tóxicas reprimen el crecimiento, en tanto que las relaciones sanas lo promueven.

Curiosidad: *estar abierto y deseoso de adquirir nuevos conocimientos y experiencias.*

Dependencia: *la capacidad de inspirar confianza y te-ner conductas y reacciones coherentes.* Las relaciones tóxicas con frecuencia son intensas porque tu pareja no es fiable y tiene comportamientos que te sorprenden. Aunque por momentos esto puede resultar emocio-nante, también puede contribuir a tu ansiedad.

Disciplina: *la capacidad de concentrarse y ejercitar el autocontrol.*

Disposición: *estar receptivo a nuevas experiencias, puntos de vista o formas de hacer las cosas.* Este es un valor importante que puedes desarrollar mientras trabajas para liberarte de patrones tóxicos.

Empatía: *la capacidad de comprender y apreciar las emociones y experiencias de otras personas.*

Equilibrio: *los propios pensamientos, sentimientos y prioridades son estables.* Aunque este libro tiene el ob-jetivo de ayudarte a terminar con las relaciones tóxicas, es igualmente importante encontrar un equilibrio inter-no en tu vida y en tus relaciones.

Esperanza: *optimismo asociado a una determinada si-tuación o circunstancia.* Cuando has estado bloqueado en relaciones basadas en vínculos traumáticos o re-laciones tóxicas, es fácil sentir que nunca has tenido una relación sana. Es importante que no pierdas la es-peranza. Las relaciones sanas son posibles y pueden llegar a tu vida.

Estabilidad: *coherencia en una determinada situación o circunstancia.* Este es un signo distintivo de una re-lación sana.

Expresividad: *la capacidad de sentir y compartir las propias emociones con facilidad.*

Fiabilidad: *la capacidad de inspirar confianza y de tener una conducta y unas reacciones coherentes.* Las relaciones tóxicas a menudo son intensas porque tu pareja no es fiable y su conducta siempre te sorprende. Aunque esto por momentos puede ser estimulante, también puede contribuir a tu ansiedad.

Flexibilidad: *la capacidad de adaptarse a los cambios de las circunstancias y las prioridades.*

Fortaleza: *la habilidad de soportar la presión o los desafíos.*

Gratitud: *la cualidad de ser agradecido; la disposición a apreciar la amabilidad y retribuirla.*

Independencia: *la habilidad de cuidarte y depender solo de ti mismo.* Esto podría ser un valor complicado para alguien que tiene una creencia fundamental de dependencia.

Individualidad: *aspectos de ti mismo que te diferencian de los demás.* Una pareja tóxica puede debilitar paulatinamente tu forma de ser. En el camino de la sanación volverás a conectar con tu individualidad.

Integridad: *la cualidad de ser honesto y tener una vida basada en tus valores.*

Intimidad: *cercanía emocional o física que promueve un vínculo entre las personas.* Diversas formas de fidelidad son importantes para mantener una relación sana. Si tu relación amorosa está basada en vínculos traumáticos o es una relación tóxica, es fácil confundir intensidad e intimidad.

Lealtad (contigo mismo y con los demás): *apoyo firme y constante, o fidelidad a una persona.* En una relación basada en vínculos traumáticos, la lealtad a una pareja tóxica puede provocar que te quedes a su lado a pesar de las dificultades y del abuso o el maltrato, aunque tu pareja no merezca tu lealtad. Debes ser leal a ti mismo.

Mindfulness (atención consciente): *tomar conciencia de tu experiencia, tus pensamientos y tus sentimientos.* Priorizar la atención consciente te ayudará a conectar con tu experiencia de relaciones basadas en vínculos traumáticos. Esta es una herramienta muy efectiva para prestar atención a los mensajes que recibes a través de todos tus sentidos. Analizaremos más profundamente este tema en el capítulo ocho.

Paciencia: *la capacidad de aceptar o tolerar las postergaciones, los problemas o el sufrimiento sin enfadarse o disgustarse.* Una relación basada en vínculos traumáticos pondrá a prueba tu paciencia una y otra vez.

Perseverancia: *la habilidad de afrontar circunstancias difíciles para lograr un objetivo.* Modificar tus patrones de conducta asociados a las relaciones amorosas puede ser un desafío complicado, pero merece la pena hacerlo porque conseguirás tener relaciones afectivas sanas y duraderas.

Perspicacia: *una gran habilidad para comprender una situación.* Liberarte de una relación basada en vínculos traumáticos requiere una profunda comprensión de tus valores y deseos, y de los motivos por los cuales no se materializan.

Pertenencia: *la sensación de ser aceptado por una parte de la comunidad.* Si tienes una relación basada en vínculos traumáticos o una relación tóxica, tu sensación de pertenencia podría ser precaria. Tu estilo de apego ansioso podría dar lugar a una sensación de pertenencia inestable.

Presencia: *el estado de existir o estar presente en un lugar o situación.*

Proximidad: *intimidad y conexión entre las personas.* La proximidad es un valor importante para mantener una relación sana.

Receptividad: *la medida en la cual permites que nuevas experiencias y personas entren en tu vida.* No todas las relaciones se afianzan cuando permites que alguien entre en tu vida. Sin embargo, quienes son dignos de ti te aceptarán y tú sabrás invertir energía en esa relación.

Reflexión: *cuidar a otras personas o mostrar interés por ellas.*

Resiliencia: *la capacidad de mantener la fortaleza en circunstancias difíciles.*

Respeto (por ti mismo y por los demás): *estar orgulloso de ti y de los demás, y confiar en ti mismo y en los demás; la sensación de que te estás comportando con honor y dignidad.* Si mantienes una relación basada en vínculos traumáticos, es probable que tu pareja no te respete y que tú no te respetes a ti mismo.

Responsabilidad: *aceptar la tarea de afrontar una situación; ser responsable; la capacidad de actuar de forma independiente; la obligación moral de comportarse correctamente y asumir la culpa cuando no lo haces.* La responsabilidad es esencial en cualquier relación. Las parejas tóxicas no suelen hacerse responsables de sus actos; por el contrario, te hacen sentir culpable.

Salud: *bienestar físico, mental, emocional y social.*

Seguridad: *la habilidad de ser coherente.*

Valoración: *un sentimiento de gratitud y comprensión asociado a una situación o persona.* Cuando tomes conciencia de qué es lo que valoras de tu pareja, serás capaz de determinar con más acierto si es adecuada para ti o no. En una relación sana, además de apreciar a tu pareja también sentirás aprecio por ti mismo y valorarás lo que le aportas a ella.

¿Cómo te has sentido al conectarte con lo que de verdad te importa y lo que quieres ser? Posiblemente hayas experimentado algunas emociones intensas. Apúntalas en tu diario.

Para destacar la diferencia entre dejarte guiar por los que te infunden temor desde el asiento trasero del coche y el pasajero que está a tu lado y te indica el camino hacia lo que realmente importa, vamos a analizar tus conductas de afrontamiento actuales (que ya has identificado en el capítulo tres) junto con las personas y experiencias que actúan como factores desencadenantes (que has identificado en el capítulo cuatro). Luego señalarás un valor que te gustaría tener en los momentos en que te asaltan emociones intensas y una intención que aprecies (la conducta relacionada con el valor).

Ejercicio: Determinar intenciones basadas en valores

Comienza por escribir un acontecimiento desencadenante, tu conducta de afrontamiento como reacción a dicho evento y el resultado negativo o consecuencia.

Acontecimiento desencadenante:

Conducta de afrontamiento:

Resultado negativo o consecuencia:

Ahora describe el evento desencadenante y vincúlalo con un valor, o con varios valores, y con la intención basada en el valor que usarías en lugar de tu conducta de afrontamiento actual. Escribe también sobre el resultado positivo o recompensa.

Acontecimiento desencadenante:

Valor(es):

Intención basada en el valor:

Resultado positivo o recompensa:

¿Recuerdas a Joy? Tiene un estilo de apego ansioso y debe luchar contra sus sentimientos de tristeza, soledad y desesperanza que provienen del abandono de su padre cuando era niña. Vamos a analizar cómo respondió Joy a este ejercicio.

> **Acontecimiento desencadenante:** *en mi trabajo me dieron la oportunidad de hacer una presentación en una conferencia sobre los hallazgos de un importante proyecto de investigación. Reservé varios asientos en el auditorio para mis amigos y para la persona con la que estaba saliendo desde hacía relativamente poco tiempo. Mi presentación fue bien acogida, y mi jefe me felicitó. Cuando el evento terminó, fui a reunirme con mi nuevo amor solo para descubrir que no había asistido. Mis amigos me dieron la enhorabuena, pero yo estaba muy decepcionada por la ausencia de mi nueva pareja.*
>
> **Conducta de afrontamiento:** *no fui capaz de disfrutar de mi éxito profesional y tampoco del apoyo de mis amigos. Me sentí tan abatida que me marché a casa en vez de celebrarlo con ellos.*
>
> **Resultado negativo o consecuencia:** *mis amigos se disgustaron conmigo por no agradecer su presencia y por dejar que alguien a quien apenas conocía arruinara una experiencia tan positiva. No pude disfrutar plenamente lo que fue un gran momento de mi carrera.*

Se solicitó a Joy que evaluara nuevamente el evento desencadenante y que en esta ocasión lo vinculara con un valor, o valores, y con la intención basada en dichos valores que utilizaría en lugar de su actual conducta de afrontamiento. Además, tuvo que escribir sobre el resultado positivo o recompensa que obtendría al concentrarse en esa intención. Estas son las respuestas de Joy:

Valor(es): *gratitud y respeto por uno mismo*

Intención basada en los valores: *comportarme de una forma que demuestre a mis amigos y a mi grupo de apoyo que los valoro y que estoy agradecida por su ayuda. Expresar con mi conducta que me respeto a mí misma y que merezco celebrar los momentos en los que consigo grandes y pequeños logros.*

Resultado positivo o recompensa: *me centro en todo aquello por lo cual me siento agradecida y en cómo merezco que me traten. Tengo una relación positiva y optimista con mis amigos y soy capaz de celebrar mis logros.*

Ahora vamos a ver cuál fue la experiencia de Ian con este ejercicio. Has conocido a Ian en capítulos anteriores. Es importante tener en cuenta que debido a su estilo de apego evitativo, su temperamento y sus creencias fundamentales, Ian tiene que esforzarse para tener relaciones afectivas. Estas son sus respuestas:

Acontecimiento desencadenante: *unos compañeros me invitaron a reunirme con ellos para tomar una copa a la salida del trabajo. Fuimos a un bar que hay cerca de la oficina. Había muchas personas de mi edad, y hubiera* *sido divertido conocer un poco más a mis compañeros y relacionarme con personas desconocidas. Era una buena oportunidad para mí.*

Conducta de afrontamiento: *estuvimos sentados bebiendo cerveza, mientras yo sonreía y actuaba como si estuviera interesado en la conversación. Sin embargo, después de lo que me pareció una eternidad, me levanté de la mesa para ir al aseo y luego me marché sin despedirme.*

Resultado negativo o consecuencia: *al día siguiente en el trabajo mis compañeros no dejaron de hacer bromas sobre mi «desaparición» e insistieron en que la próxima vez que saliéramos juntos me acompañarían al aseo. Me sentí muy avergonzado por haberme comportado de ese modo. Especialmente con personas a las que veo cada día en el trabajo. Fue una reacción impulsiva y estúpida.*

Ahora vamos a ver de qué manera volvió a evaluar Ian el evento desencadenante, vinculándolo en esta ocasión con unos valores y con la intención basada en los valores que utilizaría en vez de su conducta de afrontamiento actual y también el resultado positivo o recompensa que obtendría si se concentrara en esa intención.

Valor(es): *conexión, valentía e integridad.*

Intención basada en los valores: *acompañar a mis compañeros de trabajo en sus salidas semanales al bar local y esforzarme por compartir una pequeña parte de mí mismo en cada ocasión. Y también conocerlos un poco*

más. Y, por supuesto, no abandonar la reunión sin des-
pedirme.

Resultado positivo o recompensa: *al construir pau-*
latinamente una relación con mis compañeros de trabajo,
podrán convertirse en mis amigos del trabajo y con el paso
del tiempo quizás también simplemente en mis amigos.

¿Cómo te has sentido después de hacer este ejercicio? ¿Puedes imaginarte acercándote cada vez más a una vida basada en tus valores?

Es importante destacar que algunas veces la única recompensa será que vivirás de acuerdo con tus valores y a medida que te alejes de la persona controlada por el miedo que todavía eres, llegarás a ser quien quieres ser. Es posible que todavía te hagan daño, que no te traten bien, pero serás capaz de reconocer y comprender que esto forma parte de la vida. Comprobarás que al responder conforme a tus valores, ya no fomentarás más tu sufrimiento ni el de los demás. Esto ya es una recompensa en y por sí misma.

Haz este ejercicio para todos los acontecimientos desencadenantes que hayas identificado en los capítulos anteriores. El proceso de determinar intenciones y acciones basadas en valores que reemplacen a las conductas de afrontamiento instintivas y guiadas por el miedo te ofrecerá un esquema para tomar decisiones que sirvan a tu objetivo de desprenderte de los vínculos traumáticos y las relaciones tóxicas, con el fin de desarrollar apegos sanos.

Seguimos adelante

Ahora que ya has analizado tus valores y aprendido cómo utilizarlos en tus decisiones y elecciones, vamos a ver cómo puedes comunicarlos eficazmente a los demás, entre otros importantes aspectos de tu persona. En el siguiente capítulo vamos a hablar de los bloqueos que interrumpen la comunicación eficaz y también de las habilidades que son esenciales para tener conversaciones más saludables con el fin de que tus deseos y necesidades sean escuchados y satisfechos.

CAPÍTULO 7

Acaba con la comunicación tóxica

Los patrones y la dinámica de la comunicación se establecen a una edad temprana. Imitas lo que observas en tu familia. A través del ensayo y error, puedes determinar cómo debes comunicarte para recibir el amor y la atención que deseas y evitar una atención negativa o no deseada. Y, al igual que sucede con tu conducta, es muy probable que la comunicación que has cultivado a lo largo de los años se haya convertido ahora en un patrón predecible que te mantiene estancado en vínculos traumáticos y relaciones tóxicas.

Si tienes una creencia fundamental de *abandono*, puedes haber estado evitando compartir pensamientos y sentimientos por el temor de que pudieran alejar a las personas que quieres. Y si tienes una creencia fundamental de *desconfianza y maltrato o abuso*, lo más probable es que no te sientas suficientemente seguro como para expresarte. Con una creencia fundamental de *privación emocional*, es posible que no hayas contado con nadie que te escuchara, que cuidara de ti o que dedicara tiempo a intentar comprenderte. Y con la creencia fundamental de *imperfección*, tal vez hayas utilizado la comunicación para evitar el rechazo. Si tienes una creencia fundamental de *dependencia*, posiblemente no confías en ti mismo porque desde muy temprana edad recibiste el mensaje de que no eras capaz de arreglártelas solo y que necesitabas la ayuda y la orientación de los demás. Alguien que tiene una creencia fundamental de *fracaso* podría ser reacio a expresarse por miedo a ser comparado con otras personas. Si tienes una creencia fundamental de *sometimiento*, puedes haber antepuesto los pensamientos y sentimientos ajenos a los propios. Nuestras creencias fundamentales gobiernan de todas estas maneras las reacciones impulsivas e instintivas que tenemos frente a las diferentes situaciones que se presentan en nuestra vida.

En este capítulo identificarás tus patrones de comunicación y tomarás conciencia de los obstáculos que generan. Luego aprenderás a comunicar eficazmente tus pensamientos y sentimientos con el objetivo de crear y mantener apegos sanos.

Una vez más, es muy probable que gran parte de tu trauma se deba a los mensajes que recibiste de tus cuidadores y de otras personas de tu entorno, tanto verbales como no verbales. En el capítulo dos has identificado tus creencias fundamentales. Estas creencias, que son producto de los mensajes que has recibido, hasta ahora han estado guiando tus decisiones de forma inconsciente y han producido un impacto negativo en tus relaciones. A tu vez, tú has estado comunicando esos mensajes y tus creencias sobre ti mismo a las personas de tu entorno. Consciente o inconscientemente, estás comunicando a los demás —y de esta forma reforzando las creencias sobre ti mismo— que eres un fracasado, incompetente, indigno de ser amado, evitativo, dependiente, distante, reservado y crítico, es decir, una persona que rechaza a los demás, busca su aprobación o evita los conflictos. Tal vez estés pensando que esto no suena como una receta para una relación amorosa. ¡Y tienes toda la razón! Una relación sana no puede existir sin una comunicación sana.

Vamos a empezar por hacerte consciente de tus patrones de comunicación problemáticos. Ten en cuenta que tal como ha sucedido con tus creencias fundamentales, cuando estos patrones se formaron en tu infancia hiciste todo lo posible para protegerte. Mientras completas los ejercicios podrías experimentar sentimientos de vergüenza, culpa o arrepentimiento. Abandona esos sentimientos negativos porque ya no te sirven. Concéntrate en celebrar el hecho de estar tomando conciencia de las conductas y los patrones de comunicación impulsados por creencias fundamentales que no coinciden con tus valores.

Comunicación no saludable

Existen diversos estilos de comunicación que pueden crear bloqueos e impedir la intimidad. Estos estilos de comunicación no saludables podrían ser patrones largamente arraigados, que has aceptado porque son los únicos que has conocido. O podría ser que utilizaras estas formas de comunicación en los momentos en que experimentas emociones intensas o si tienes un vínculo traumático con alguien.

Cuando experimentas emociones intensas, no consigues centrarte en tus valores ni en el panorama general. Tu foco de atención se limita a la urgencia inmediata de reducir y eliminar los pensamientos y sentimientos negativos que se han tornado intolerables. Podrías decir o hacer cosas que empeoren la situación. En estos momentos la intensidad de tu estado emocional anula tu cognición. En otras palabras, tu amígdala —esa parte del cerebro que experimenta emociones y hace que este órgano y el resto de tu cuerpo reaccionen ante el peligro— ha secuestrado la parte de tu cerebro que guía tus actos racionales, tu córtex prefrontal, y no te permite pensar racionalmente.

Es muy probable que cuando tus emociones dominan tu mente racional, te inclines por patrones de comunicación y conductas que no son útiles. Tu capacidad para escuchar lo que la otra persona está diciendo se reduce cuando tu amígdala asume el mando. Estos bloqueos relacionados con la capacidad de escuchar también están conectados con tus creencias fundamentales, es decir, «escuchas» lo que esperas escuchar y lo que has escuchado en el pasado. Y con toda probabilidad reaccionas de una forma antigua y familiar. Tu mente siempre quiere tomar atajos, porque parecen facilitar las cosas. ¿Para qué invertir más tiempo en intentar evaluar una situación, hacer preguntas que la aclaren y llegar a una conclusión después de haber reflexionado sobre lo ocurrido, cuando puedes simplemente asumir que se va a desarrollar de la misma forma que siempre lo ha hecho? También es posible que reacciones de la misma forma que siempre has reaccionado. Después de todo, con esas respuestas siempre te has sentido seguro. Desafortunadamente, eso tiene un precio: los vínculos traumáticos y las relaciones tóxicas. Tus patrones de comunicación frecuentemente están gobernados por el miedo. Y en algunas ocasiones este miedo y los límites que como consecuencia impones a tu propia conducta alimentan el resentimiento, te empujan a reaccionar violentamente de diversas maneras, incluso cuando sigues teniendo relaciones tóxicas (Smith 2011).

Para empezar a cambiar esta dinámica analizaremos la influencia de algunos factores cruciales relacionados con lo que sentimos y con la forma en que nos comunicamos. Estas son las respuestas de amenaza típicas de nuestra amígdala —luchar, huir, paralizarse o forzar— y las conductas y estilos de comunicación característicos

en los que podemos incurrir cuando no nos han ense-
ñado a procesar nuestras emociones e instintos.

Luchar, huir, paralizarse o forzar

Expresar nuestros sentimientos, preferencias y emociones para que los demás conozcan quiénes somos
puede parecer peligroso. Probablemente en el pasado
aprendiste que una forma segura de evitar estos sentimientos y ser aceptado por los demás era estar de
acuerdo siempre con ellos para complacerlos. Y, con el
paso del tiempo, has llegado a reprimir tus verdaderos
sentimientos y pensamientos. Y si bien dichos sentimientos y pensamientos pueden surgir ocasionalmente
cuando estás enfadado o te sientes frustrado, eres capaz
de dar marcha atrás rápidamente si encuentras resistencia o irritación. O tal vez dirijas tu agresividad hacia
las personas con las que sientes que puedes hacerlo, fa-
voreciendo que continúe la dinámica problemática que
tienes con tus parejas tóxicas.

Cuando se desencadenan tus creencias fundamentales, ¿cómo reaccionas? Si tienes un conflicto con otra
persona es muy probable que reacciones de forma automática, recurriendo a conductas que no son útiles
para ti en el presente. La parte primitiva y emocional
de tu cerebro reacciona de forma rápida y automática
frente a un peligro percibido. La mente primitiva es la
parte que se enfoca exclusivamente en la supervivencia

—ese instinto primario con el que nacemos y que domina nuestros primeros años de vida— y se activa a lo largo de nuestra existencia cada vez que nos sentimos amenazados. Las reacciones primitivas se pueden categorizar como conductas de luchar, huir, paralizarse o forzar (McKay, Lev y Skeen 2012):

- Agresividad u hostilidad, incluyendo culpabilizar, criticar, desafiar o resistir (luchar).
- Demandar, controlar, insistir en hacer un esfuerzo por controlar la situación (luchar).
- Manipulación, amenazas, falta de honestidad (luchar).
- Minimizar las necesidades de otra persona (luchar).
- Simular ser sumiso, pero rebelarse a través de quejas o enfados (luchar).
- Rendirse, obedecer, evitar conflictos, tener una conducta pasiva o sumisa, intenta complacer (paralizarse).
- Apegarse, depender, demandar atención, demandar seguridad (forzar).
- Alejarse física, emocional y sexualmente (huir).
- Evitar mediante la búsqueda de emociones y distrayéndose con el trabajo, las compras, el juego, el sexo o las actividades de riesgo (huir).
- Evitar mediante el consumo de drogas, alcohol, alimentos, televisión o redes sociales (huir).
- Desconectarse y alejarse de los demás (huir).

Luchar, huir, paralizarse o forzar

¿En cuál de estas conductas incurres con más asidui-
dad? Dedica unos momentos a apuntarlas en tu diario
y también anota qué elementos pertenecientes a tus
creencias fundamentales sientes que pueden gobernar
estas conductas cuando experimentas emociones fuertes en tus relaciones basadas en vínculos traumáticos o
en otras situaciones.

¿Qué es lo que sientes al tomar conciencia de tu estilo
de comunicación? ¿Eres capaz de conectarte con tus
experiencias de la infancia? Escribe tus experiencias
y tus reflexiones acerca de cómo ha evolucionado tu
estilo de interacción con los demás.

¿Recuerdas a Camila? Hemos hablado de ella en
capítulos anteriores. Esto es lo que escribió:

¡Uff! Me da vergüenza considerar mi estilo de comunicación en estos términos. A partir de mis nueve características aprendí que soy una persona intensa; y
al conocer mi estilo ansioso de apego y mis creencias
fundamentales de abandono y privación emocional,
tomé conciencia de que tiendo a aferrarme a los demás. Sin embargo, nunca lo había pensado en términos de «forzar». Ahora puedo entender que trato de
esforzarme para quedar bien con los demás por causa
de mis miedos. Pero todavía es más embarazoso, y me

da más vergüenza, admitir que utilizo la manipulación y la falta de honestidad en mis citas y relaciones amorosas. Ahora puedo ver que estas conductas no son útiles para mí, al menos no a largo plazo. Al relacionarlas con mis experiencias infantiles, puedo afirmar que eso es lo que hacía con mi madre cuando no tenía que trabajar. Cuando estaba en casa no me despegaba de ella. Y cuando lo pienso actualmente, siento pena por mi madre, porque nunca tenía tiempo para sí misma. O trabajaba horas interminables o tenía que cuidar de mí. Y en cuanto a la manipulación y la falta de honestidad, las utilicé con mi padre para conseguir que viniera a visitarme.

A continuación veremos lo que escribió Ian para este ejercicio:

Voy a escoger «huir», porque mi especialidad es desconectarme de los demás y alejarme. Esto está claramente conectado con mi infancia y mi entorno familiar, y creo que me condicionó para tener un carácter reservado. Es interesante pensar en estos comportamientos como conductas primarias o de supervivencia. Me parece que se ajusta muy exactamente a mi experiencia y mi forma de ser. Pero estoy empezando a entender que estas conductas de supervivencia han creado obstáculos para mi felicidad y mi capacidad de conectar con los demás.

Y finalmente vamos a ver qué es lo que escribió Aryan:

Ahora veo claramente que mis reacciones primitivas no han cambiado desde que era niño. Yo me rindo y obedezco. Evito los conflictos a toda costa. Soy pasivo y sumiso, y siempre estoy intentando complacer a mi pareja porque dependo de él y no quiero que me abandone. Todas mis conductas se pueden identificar como «bloquear», y así es exactamente como me siento: bloqueado por el miedo a que me abandonen y todo lo que eso representa. Esto se relaciona muy estrechamente con la muerte de mi hermano.

Recuerda que esa parte de tu mente que te impulsa a comportarte de este modo no tiene una visión actual ni exacta de la amenaza que sientes; está estancada en el pasado. Identificar estas respuestas antiguas provocadas por el miedo podría generar sentimientos de vergüenza, y es esencial abordar esos sentimientos con comprensión y autocompasión. El propósito de este ejercicio es traer a la conciencia los obstáculos que te están impidiendo crear una comunicación positiva y tener relaciones sanas. Recuerda que estás en el camino hacia el cambio.

Por otra parte, ten en cuenta que podrías no reaccionar siempre de la misma forma. Si mantienes una relación tóxica o una relación que esté basada en vínculos traumáticos, podrías reaccionar de diferentes modos dependiendo de la reacción de la otra persona. Si continúas reflexionando sobre tu estilo de comunicación y las conductas que normalmente surgen en tus relaciones, toma nota también de las conductas de tu pareja. Será muy útil tomar conciencia de la dinámica que está en juego en tu relación. (Si actualmente no tienes ninguna relación amorosa, apunta la dinámica que hubo en tu relación más reciente).

Patrones que obstaculizan la comunicación

Ahora vamos a analizar otros obstáculos que impiden una comunicación sana. Nuevamente, lo más probable es que se trate de patrones muy arraigados que están funcionando de manera inconsciente (Skeen 2014).

Leer la mente. Leer la mente es un impedimento para tener una comunicación sana, provocado por el miedo asociado a tus creencias fundamentales. Das por sentado lo que la otra persona va a decirte («Piensa que soy un incompetente», «No quiere estar conmigo», «Quiere hacerme daño») basándote en tus experiencias y creencias fundamentales. Podrías anticipar qué es lo que va a ocurrir según la emoción que manifiesta otra persona. Y si reaccionas «como si» te estuviera diciendo lo que preveías, entonces te encaminas hacia una profecía autocumplida.

Filtrar. La comunicación se distorsiona cuando hay filtros, porque escuchas solamente una parte de lo que está diciendo la otra persona. Si los pensamientos motivados por tu creencia fundamental están actuando de manera inconsciente, podrías escuchar exclusivamente lo negativo y luego utilizarlo para reforzar tus creencias («Esto quiere decir que va a abandonarme», «Esto quiere decir que no soy suficientemente bueno». «Esto quiere decir que nunca nadie va a quererme») y en consecuencia ignorar o descartar lo positivo.

Calmar. Calmar los ánimos es una forma habitual de bloquear la comunicación para una persona que evita los conflictos. Esto podría ser significativo para ti si has crecido en un hogar en el que la expresión de la rabia, o de otras emociones negativas, tenía consecuencias. Aprendiste a estar de acuerdo, a hacer promesas, a disculparte o a hacer lo que fuera necesario para reducir la tensión y evitar los conflictos. Este es probablemente tu estilo si tu temperamento es pasivo y evitativo (ver la sección «Temperamento y estilos de afrontamiento», en el capítulo tres).

Discutir. En contraste, si tienes un temperamento más enérgico y agresivo, uno de los bloqueos que te impiden mantener una comunicación sana sería tu tendencia a discutir con la otra persona. Quizás tu estilo de afrontamiento cuando te sentías inseguro durante tus años de desarrollo fuera pelearte o discutir en respuesta a una crítica. Si ese es el caso, tiene sentido que esta sea tu respuesta automática frente a una situación que desencadena una reacción emocional muy intensa.

Juzgar. La tendencia a juzgar rápidamente a otras personas puede ser una reacción destinada a autoprotegerte. Cuando eras niño aprendiste a estar excesivamente alerta, en un esfuerzo por mantenerte a salvo. Esa actitud te llevó a hacer juicios instantáneos sobre tu entorno y las personas que había en él. Esta podría ser una conducta automática, en especial si tienes una creencia fundamental de desconfianza y maltrato o abuso.

Comparar. Hacer comparaciones puede representar para ti un obstáculo para la comunicación sana, si en tu infancia te compararon desfavorablemente con tus hermanos o amigos, o si sentiste que cualquiera de tus logros se comparaba invariablemente con los logros de otras personas. Esto puede resonarte si tienes creencias fundamentales de fracaso, imperfección o dependencia.

Ahora que ya sabes cuáles son los bloqueos que impiden tener una comunicación sana y relaciones positivas, escribe cuáles de ellos tiene importancia para ti, incluyendo cualquier afirmación relativa a una creencia fundamental que se asocie con cualquiera de estos estilos de comunicación. Podrías estar experimentando sentimientos de vergüenza, algo normal cuando tomamos conciencia de los aspectos desagradables de nosotros mismos. Pero recuerda que esto es lo que aprendiste cuando no sabías hacer nada mejor. Ahora tienes el poder de cambiar la forma en que te conectas con los demás. Con ese propósito, vamos a ver cuáles son los estilos de comunicación sanos.

Comunicación sana

En *El arte de comunicar*, Thich Nhat Hanh (2013) afirma que la comunicación debería considerarse de la misma forma que consideramos la comida. ¿Estamos consumiendo lo que realmente nos nutre o lo que es tóxico para nosotros? ¿Y cómo estamos alimentando a los demás? ¿Nos estamos haciendo daño mutuamente al utilizar palabras tóxicas o nos estamos nutriendo con palabras que nos ayudan a crecer y progresar? Esta es una forma muy útil de pensar en cómo te comunicas con las otras personas y qué tipo de comunicación les permites tener contigo.

Liberarte del ciclo de la comunicación tóxica no es sencillo. Es probable que hayas estado escondiendo y protegiendo aspectos de ti mismo por el temor de que los demás te rechazaran, se aprovecharan de ti o te ridiculizaran. Cada uno de esos miedos está vinculado con tus creencias fundamentales. También es posible que hayas tenido una experiencia afectiva traumática que anuló tu capacidad de confiar en los demás e incluso en ti mismo. Cualquiera que haya sido la experiencia que has vivido, no cabe duda de que ha sido dolorosa. Como consecuencia, has estado comportándote e interactuando de este modo con la esperanza de aliviar tu sufrimiento. Si bien estos esfuerzos son comprensibles, lamentablemente te han mantenido bloqueado en vínculos traumáticos y relaciones tóxicas, y te han impedido desarrollar apegos sanos. Estas formas de actuar han puesto una barrera entre tú y las relaciones que te mereces.

Vamos a ver cuáles son las formas de comunicación que te permitirán desarrollar relaciones auténticas con personas que no son tóxicas, personas que están dispuestas a aceptarte tal cual eres, cuidarte, amarte y hablarte de forma honesta y sincera. Vamos a ocuparnos de varias técnicas: la autorrevelación hábil, la escucha activa, cómo gestionar el silencio o la falta de comunicación de otras personas, y cómo establecer límites y atenerse a ellos.

Autorrevelación

El mero hecho de pensar qué representa el término *autorrevelación* —comunicar quién eres, cómo te sientes,

qué es lo que te importa y qué es lo que realmente deseas– puede ponerte nervioso. Se trata de una respuesta
normal cuando ya has experimentado reacciones desagradables, hirientes y dolorosas al compartir aspectos
de ti mismo con otra persona. Esto posiblemente te
haya condicionado a ocultar las partes de ti mismo que
alguien te dijo que eran inaceptables o indignas de ser
amadas. Y es probable que esas partes de ti mismo hayan quedado ocultas a tu conciencia. Esperemos que los
capítulos anteriores te hayan permitido darte cuenta de
las creencias fundamentales que han estado operando
sin que fueras consciente de ellas. Como bien sabes,
nuestras creencias impulsan conductas automáticas,
y esto incluye la comunicación, que refleja quién eres
y qué experimentan los demás cuando están contigo.
Una conciencia ampliada te permitirá comunicar más
eficazmente quién eres y cuáles son las cosas que te importan.

La autorrevelación puede ser complicada. Cuando se realiza de forma correcta, reporta recompensas
y enriquece, tanto a ti como a tus relaciones; aunque
también puede ser un esfuerzo descubrir cómo hacerlo
bien, en especial cuando estás intentando regular patrones de evasión y de malestar que están muy arraigados.
Probablemente hayas estado escuchando a una persona que apenas conoces mientras te contaba un montón
de cosas de su vida y recordando experiencias difíciles y dolorosas. Sentiste que te estaba dando demasiada

información y demasiado pronto. Es más que probable que haya lamentado haber compartido detalles tan íntimos de su vida con alguien a quien no conocía bien, y tú te sentiste incómodo e inseguro sin saber muy bien qué deberías hacer con esa información. La motivación para esta autorrevelación podría ser la premura por conectar rápidamente con la otra persona motivada por una «urgencia de intimar», o una prueba, como si pretendiera decir: «Soy esto. ¿Puedes asimilar todo lo que te he contado? ¿Puedes amar a alguien que tiene este bagaje?» (Salzberg 2018).

Incluso puede ser que la relación en ciernes se haya acabado porque ninguna de las dos partes supo cómo transitar el malestar. Desafortunadamente, la mayoría de las relaciones incipientes no pueden soportar el peso de conocer demasiadas cosas demasiado pronto.

Acaso te hayas encontrado en una situación en la que lamentaste haber compartido cierta cantidad de información con otra persona. Las siguientes afirmaciones asociadas a las creencias fundamentales pueden ayudarte a tomar conciencia de qué es lo que está impulsando esa tendencia:

- *Me aferro a las personas porque tengo miedo de que me abandonen*. Esta afirmación suele reflejar una creencia fundamental de abandono. Acaso sientas un impulso inconsciente de intimar rápidamente con alguien.

- *Me obsesiono tanto con la idea de que mis parejas me abandonarán que finalmente las impulso a hacerlo.* Esta afirmación suele poner de manifiesto una creencia fundamental de abandono. En este caso, podrías estar ofreciendo demasiada información demasiado pronto, para comprobar si lo que has contado hará que la otra persona decida alejarse de ti.

- *Someto a prueba a las personas para ver si realmente están de mi lado.* En este caso se trata de una prueba frecuentemente impulsada por una creencia fundamental de desconfianza y maltrato o abuso, cuyo fin es determinar si puedes confiar en que la otra persona no utilizará detalles íntimos de tu vida para perjudicarte.

- *Con frecuencia tiendo a relacionarme con personas que me critican y rechazan.* Con esta conducta, a menudo inducida por una creencia fundamental de imperfección, inconscientemente puedes estar ofreciendo información sobre tu vida que más tarde puede ser utilizada en tu contra.

- *Doy más de lo que recibo.* Esto con frecuencia es el resultado de una creencia fundamental de sometimiento; cuando compartes demasiada información, inconscientemente estás ofreciendo más datos para reforzar esta afirmación asociada con tu creencia fundamental.

- *Estoy muy pendiente de complacer a los demás y conseguir su aprobación.* Una vez más te estás comportando y comunicando basándote en tus creencias fundamentales de sometimiento.

- *No tengo a nadie que me escuche de verdad y sintonice con mis verdaderas necesidades y sentimientos.* Si esta afirmación, que a menudo es producto de una creencia fundamental de privación emocional, es válida para ti, entonces te gusta que alguien muestre interés por ti y por tu vida. En esta situación puedes llegar a compartir más información de lo que pretendías.

Por otra parte, si tienes un estilo de apego ansioso, es posible que tiendas a compartir más información con el propósito de acelerar la conexión con la otra persona en un intento por calmar tu ansiedad. ¿Te identificas con alguna de las anteriores afirmaciones? Apunta las que son relevantes para ti.

Esta es la historia de Tayshia. Conoció a Ahmed, e instantáneamente los dos sintieron que había química entre ellos. A lo largo de una semana salieron tres veces, y cada cita fue más agradable que la anterior. Tayshia tenía la esperanza de poder abandonar finalmente las aplicaciones de citas y construir una relación con un tío estupendo. Había pasado los últimos seis meses procesando el abandono repentino e inesperado de su última pareja después de un año de relación.

De manera que cuando Ahmed le preguntó si le gustaría hacer un viaje de fin de semana con él, no se lo pensó dos veces. El fin de semana estuvo lleno de aventuras en la naturaleza, rica comida y buenas conversaciones de alcoba. Ahmed parecía querer saberlo todo acerca de ella; a menudo decía: «Cuando sabes, sabes», en referencia a la fuerte conexión que estaba sintiendo con Tayshia. Le hizo muchas preguntas sobre su vida y sus relaciones pasadas, específicamente sobre la que había terminado abruptamente seis meses atrás. Tayshia se sentía a gusto de tener a su lado a alguien que mostraba un profundo interés por ella. Él sabía escuchar. Sin embargo, cuando Tayshia le preguntaba por su vida, Ahmed no entraba en muchos detalles (por ejemplo: «Tengo problemas con mi hermano, pero te lo contaré en otra ocasión» o «No tengo ningún resentimiento hacia mi última pareja»). A Tayshia no le preocupaba porque, como él ya le había explicado, solo quería enfocarse en ella. Dos semanas más tarde, después de posponer un par de citas, le escribió un mensaje en el que le decía que no sentía cómodo con la idea de tener una relación seria con ella. Su explicación fue: «Siento que todavía estás colgada de tu último novio».

Tayshia se quedó pasmada. En cuanto logró procesar el dolor emocional que sus palabras le produjeron, fue capaz de reflexionar sobre la experiencia y ver que sus creencias fundamentales de abandono y privación emocional la habían llevado a contar demasiadas cosas de su vida y demasiado pronto. Tenía sentimientos muy intensos con Ahmed, que le resultaba muy familiar, como si lo conociera desde hacía mucho tiempo. Y por el hecho de que sus creencias fundamentales actuaban de manera inconsciente, fue vulnerable con alguien que actuaba como si compartiera con ella su necesidad de conexión y comprensión.

¿Era Ahmed una persona tóxica o Tayshia lo «asustó y alejó» proporcionándole demasiada información muy pronto, a pesar de que él no dejaba de hacerle preguntas sobre sus relaciones anteriores? Cualquiera que sea tu respuesta, ¡estás en lo cierto! Esta es una pregunta con trampa. Ambas cosas pueden ser verdaderas, y algunas veces puede resultar difícil, o imposible, saber qué era lo que realmente estaba en juego. Es posible que Ahmed fuera un mal actor y que sencillamente estuviera intentando que Tayshia se acostara con él. Tal vez la manipuló fingiendo estar muy interesado por ella. En realidad, no es sensato pensar que después de una sola cita, hubiera sentido que era la mujer que estaba esperando (lo que expresó con las palabras: «Cuando sabes, sabes»). Otra alternativa es que esa situación puede resultar desmoralizante para alguien que no se siente cómodo gestionando las emociones intensas o complicadas que le provoca oír hablar de una relación pasada. Y en ese caso, puede ser que Ahmed se sintiera agobiado por todo lo que ella le había contado y finalmente no se sintiera capaz de iniciar y mantener una relación con Tayshia.

Si tú, igual que Tayshia, tienes una creencia fundamental de privación emocional y tu experiencia es que
nunca has sido escuchado ni valorado, el hecho de que
una persona manifieste un gran interés por ti haciéndote un montón de preguntas puede hacerte sentir muy
bien. No obstante, también podría indicar una falta de
equilibrio. Responde las siguientes preguntas para evaluar en qué punto te encuentras:

- ¿Estás conociendo tantos detalles de la vida de
  la otra persona como ella está conociendo de la
  tuya?
- ¿Existe una autorrevelación mutua?
- ¿Qué sabes de la otra persona?
- ¿Qué es lo que ella sabe de ti?
- ¿Es la otra persona la que hace las preguntas?
- ¿Cómo responde cuando eres tú quien haces las
  preguntas? ¿Sus respuestas son vagas o directas?

Deberías tener en cuenta la cantidad de citas que
habéis tenido y el tiempo que habéis pasado juntos. Si
apuntas las citas en tu diario, es menos probable que
compartas demasiadas cosas al cabo de muy poco tiempo. Además, haz todo lo posible para revelar cosas de tu
vida personalmente, y no a través de mensajes. Es importante que ambos asimiléis todas las formas evidentes
y sutiles en que os comunicáis verbal y no verbalmente.
Eso te dará la oportunidad de advertir si la otra persona

se siente incómoda con lo que le estás contando o si está plenamente atenta. Toma nota de las expresiones faciales, del lenguaje corporal, del contacto visual, de los ruidos sutiles, de los gestos y de si sus palabras coinciden con sus formas no verbales de comunicación. No tienes ninguna posibilidad de captar esta información cuando la comunicación se realiza a través de mensajes de texto.

Ahora vamos a ver cuáles son las afirmaciones asociadas a las creencias fundamentales que podrían explicar tu reticencia a compartir información personal. Cuando no eres capaz de hablar francamente de ti, a la otra persona le resulta difícil conectar contigo. A menudo puede ser interpretado como una falta de interés por tu parte o se puede tener la sensación de que tienes algo que ocultar. En cualquier caso, es una oportunidad de conexión perdida.

- *Siempre espero que las personas me hagan daño o me utilicen.* Esto es producto de la creencia fundamental de desconfianza y maltrato o abuso.
- *Tengo que protegerme y mantenerme en guardia.* Esta afirmación refleja una creencia fundamental de desconfianza y abuso o maltrato.
- *Si no tengo cuidado, los demás se aprovechan de mí.* Esta preocupación ilustra una creencia fundamental de desconfianza y maltrato o abuso.
- *Me da miedo que las personas se acerquen a mí porque siempre creo que van a hacerme daño.* Este miedo es

el resultado de la creencia fundamental de desconfianza y maltrato o abuso.

- *Nadie me comprende realmente.* Esto es producto de una creencia fundamental de privación emocional.
- *Me resulta difícil dejar que los demás me quieran.* Esto también es producto de una creencia fundamental de privación emocional.
- *Ninguna persona me amaría si me conociera de verdad.* Este es el resultado de una creencia fundamental de imperfección.
- *Tengo secretos que no quiero compartir, ni siquiera con las personas más cercanas a mí.* Este es el resultado de una creencia fundamental de imperfección.
- *Uno de mis mayores miedos es que conozcan mis errores.* Este miedo es el resultado de una creencia fundamental de imperfección.
- *Me avergüenzo delante de otras personas porque no doy la talla en términos de resultados.* Esto es producto de una creencia fundamental de fracaso.

Lo ideal es que regules el ritmo de la autorrevelación. Si has estado ocultando aspectos de tu persona, o te has apresurado a compartirlos, puede ser complicado saber cómo encontrar el equilibrio adecuado. A lo largo de este camino hacia la sanación has recibido un poco más de información y has tomado un poco más de conciencia sobre tu propia persona. Y gracias a eso has sido capaz de procesar y liberarte de la vergüenza que puede haber estado impidiéndote compartir aspectos de ti mismo. Si has estado en una relación basada en vínculos traumáticos, o todavía estás en ella, probablemente hayas experimentado el dolor de ver que alguien a quien amabas y en quien confiabas utilizaba tus vulnerabilidades para perjudicarte. Por este motivo puedes sentirte reacio a compartir ciertas partes de ti mismo. Esa reticencia es válida, y señala por qué es importante encontrar el momento adecuado para comunicar detalles de tu vida a otra persona y esperar a conocerla mejor para no correr el riesgo de que sea una persona tóxica y utilice tus palabras para aprovecharse de ti.

Silencio

La tecnología ha aumentado nuestra expectativa de recibir respuestas inmediatas de los demás y ha reducido nuestra capacidad de aceptar el silencio que se produce cuando no hay respuesta. Esto es todavía más complicado para quienes tienen creencias fundamentales de abandono, desconfianza y maltrato o abuso, privación emocional o imperfección. Es probable que seas presa de tus peores temores cuando la persona que te interesa no responde de inmediato a tus mensajes. Tu mente puede llenar el vacío rápidamente con pensamientos basados en el miedo: «No le gusto», «Está con otra persona», «Encontró a alguien mejor yo», «¿Y si le ha pasado algo?». Mantener esta incertidumbre puede resultar intolerable. Cuando ya no puedes soportar más la situación, vuelves a enviarle un mensaje. Y dependiendo de tu estilo de comunicación, podrías escribir algo parecido a:

- «¿Estás vivo?», que es una comunicación sarcástica y pasivo-agresiva.
- «¿Por qué no me contestas?». Esta es una comunicación más directa y agresiva.
- «Hola, solo un toque. Espero que estés bien», que es un estilo de comunicación más pasivo.

También es importante analizar tu experiencia pasada con el silencio. Es posible que tus relaciones primarias sean la causa de que distorsiones tu realidad actual (Rosenberg 2015). Escribe en tu diario qué significa el silencio para ti, cómo se conecta con tus experiencias infantiles y de qué manera reaccionas frente al silencio. ¿Acaso representa...

- ... pérdida?
- ... rechazo?
- ... castigo?
- ... control o manipulación?

¿Recuerdas a Amber, del capítulo cinco? Vamos a ver qué es lo que escribió sobre su experiencia con el silencio:

El silencio es una tortura absoluta para mí. Mi mente llena el vacío con pensamientos impulsados por el miedo, como por ejemplo: «¿He hecho algo malo? ¿Se ha enfadado conmigo? Me ignora porque se ha dado cuenta de que en realidad soy una persona llena de defectos». Hasta ahora no me había dado cuenta de que esto se relaciona con mi madre. Ella siempre se distanciaba de nosotros cuando se enfadaba. A mis hermanos no les importaba, no se ocupaban de descubrir qué habían hecho mal, y por lo que yo recuerdo mi padre no hacía ningún esfuerzo por animarla o resolver el problema. Por el contrario, yo intentaba lo que fuera para que ella me hiciera caso. Y ahora que pienso en ello, creo que nunca contemplé la posibilidad de que su enfado no tuviera nada que ver conmigo. Considerando la situación desde ahora, reconozco que probablemente su disgusto y su malestar se relacionaban con mi padre (su marido). Pero yo era la única que procuraba hacerla sentir mejor, porque asumía que el problema era yo y por lo tanto tenía que solucionarlo. Yo era complaciente y servicial, y era capaz de hacer cualquier cosa para que volviera a hacerme caso. Por eso creo que asocio el silencio con la pérdida, el rechazo, el castigo, el control y la manipulación. Como adulta interpreto el silencio como si los demás sintieran rabia, decepción, desaprobación o descontento en relación conmigo. Cuando no recibo una respuesta rápida (y mi percepción del tiempo probablemente sea un poco distorsionada), a menudo envío un mensaje del tipo: «¿Estás enfadado conmigo?». La respuesta que recibo el noventa por ciento de las veces es: «¿Por qué debería estarlo?». Sé que en muchas ocasiones esta actitud mía ha motivado que las personas se alejaran de mí, y entiendo que he aceptado las situaciones en las que los demás realmente me ignoran o me rechazan únicamente porque me resultaban familiares. Mi pareja actual se encierra en sí mismo cuando se enfada conmigo. Mi patrón de conducta es complacerlo para que vuelva a hacerme caso, aunque eso signifique disculparme o sentirme responsable por el conflicto aun cuando no se haya producido por mi culpa. Ahora puedo ver por qué existe ese patrón en mis relaciones. Mi pareja y yo nunca resolvemos los problemas ni llegamos a una comprensión mutua después de mantener una conversación porque me siento muy aliviada cuando me dirige otra vez la palabra.

¿Cómo te sientes después de haber tomado conciencia de tu relación con el silencio? ¿Te encuentras bloqueado en un patrón basado en las relaciones de tu infancia? A medida que percibes tus pensamientos y conductas inconscientes, ¿eres capaz de reconocer que podrían no estar alineados con tu experiencia actual? En el siguiente capítulo, descubrirás el mindfulness, una técnica que te ayudará a tolerar la incomodidad que te produce el silencio.

Ahora vamos a ocuparnos de ciertas herramientas que pueden ayudarte a superar algunos de los bloqueos relacionados con la comunicación.

Escucha activa

En páginas anteriores has identificado los obstáculos relacionados con la escucha (leer la mente, filtrar, calmar, discutir, juzgar y comparar). Ahora vamos a ocuparnos de una forma eficaz de mantener una conversación: la escucha activa. La escucha activa es una habilidad integral para la comunicación sana, que requiere que te comprometas con tu interlocutor y tomes conciencia de los obstáculos que te impiden escucharlo durante toda la conversación. El proceso de escucha activa consta de tres pasos:

1. Parafrasear
2. Aclarar
3. Hacer comentarios

Parafrasear implica repetir lo que tu interlocutor te ha comunicado utilizando sus propias palabras. Podrías empezar diciendo: «Lo que escucho es...» o «Entiendo que...». Parafrasear aclara malentendidos e ideas mal comunicadas. También te ayudará a evitar prestar atención a tus bloqueos, porque tienes que prestar atención a lo que la otra persona te está comunicando. Por otra parte, te resultará más fácil recordar lo que dijo porque has repetido sus palabras en voz alta. Otro beneficio de parafrasear es que tu interlocutor se siente realmente escuchado y potencialmente valorado.

Parafrasear es el paso previo a aclarar. *Aclarar* consiste en hacer preguntas para confirmar que has entendido correctamente lo que la otra persona ha dicho o para disolver cualquier malentendido. Puedes empezar diciendo: «Para saber si he entendido bien, has dicho que...» o «Cuando has dicho..., ¿qué es lo que querías decir?». De este modo le ofreces a tu interlocutor la oportunidad de explayarse sobre algo que ha mencionado previamente, en especial cuando sientes que necesitas más información para entender completamente lo que te dice. Otro beneficio de aclarar es que le demuestras a tu interlocutor que realmente quieres comprender su punto de vista.

El paso final en el proceso de escucha activa es *hacer comentarios*. En este punto de la conversación, ahora es tu turno para compartir tus pensamientos y sentimientos en respuesta a lo que tu interlocutor te ha comunicado. Después de haber parafraseado sus afirmaciones y aclarado cualquier malentendido, ahora deberías tener una idea bastante precisa sobre cuál es su perspectiva. Al hacer comentarios intenta seguir estos tres principios: hazlo inmediatamente, sé sincero y ofrece apoyo. Es importante que hagas tus comentarios en el momento, cuando el punto de vista de tu interlocutor está aún fresco en tu mente. Esto evitará que él o ella sienta que le estás ocultando algo. Cuando combinas la sinceridad con el apoyo, te aseguras de que tu mensaje se transmite de una forma auténtica y amable (McKay, Davis y Fanning 2009).

Poner límites

Poner límites podría ser una de las habilidades de comunicación más complicadas si:

- Tienes miedo al rechazo, que se asocia con una creencia fundamental de abandono.
- Te preocupa la opinión que los demás tienen de ti; es un pensamiento muy común cuando hay una creencia fundamental de imperfección.
- Sientes que las necesidades de los demás son más importantes que las tuyas, lo cual es un indicativo de una creencia fundamental de sometimiento.
- Temes que la otra persona deje de amarte como tú deseas; esta es una preocupación muy extendida cuando hay una creencia fundamental de privación emocional.
- Te fías de la otra persona, lo que indica que tienes una creencia fundamental de dependencia.
- No confías en que los demás respeten tus límites; esto es frecuente cuando existe una creencia fundamental de desconfianza y maltrato o abuso.

- Sientes que no eres capaz de hacer respetar tus límites; se trata de una preocupación muy común que está asociada con una creencia fundamental de fracaso.

En tu mente puede haber muchos obstáculos que te impidan marcar los límites necesarios para protegerte de conductas y personas tóxicas. Sin embargo, los límites son una parte importante de las relaciones sanas. Poner límites puede resultar algo incómodo y dificultoso al principio, pero con un poco de práctica apreciarás su valor y te sentirás cada vez más a gusto.

A continuación exponemos los seis pasos que se requieren para poner límites:

1. Tomar conciencia de tus prioridades y valores. ¿Qué es lo que de verdad te importa? Piensa en tu lista de valores.
2. Comunicarte con claridad. Las afirmaciones claras podrían incluir: «Por favor, no_____». Hablar con claridad significa que la otra persona entienda lo que estás diciendo. Apunta tus afirmaciones relacionadas con los límites y practícalas para estar preparado cuando llegue el momento.
3. Estar preparado para sentir cierta incomodidad al comunicar a los demás cuáles son tus límites. Para poder superar dicha incomodidad,

mantente en el presente y conectado con tus propios valores.

4. Estar preparado para hacer retroceder a las otras personas. Esto no sucederá todo el tiempo, pero habrá quien por diversas razones no se muestre dispuesto a respetar tus límites.

5. Comunicar a la otra persona las consecuencias que deberá afrontar si no respeta tus límites. Por ejemplo: «Si sigues hablándome de este modo, nuestra cita ha terminado».

6. Asegurarte de que respetas los límites que han marcado otras personas.

Insisto en que este es un aspecto positivo y necesario para tener una relación sana.

Seguimos adelante

En el próximo capítulo aprenderás la importancia del mindfulness. Esta técnica es particularmente útil cuando te enfrentas a una situación que desencadena emociones fuertes y debes elegir entre dejarte guiar por tus conductas de afrontamiento impulsadas por el miedo u optar por una nueva intención basada en tus valores.

CAPÍTULO 8

Mantente en el presente con la técnica de mindfulness

En los capítulos anteriores has tomado conciencia de tus creencias fundamentales y de su origen, así como también de los pensamientos y conductas que están asociados con tus creencias. Has sido capaz de comprender cómo se han desarrollado tus conductas. Ahora probablemente ya sabes que tu mente está diseñada para proteger tu seguridad y tu supervivencia. Está destinada a ayudarte, aunque en algunas ocasiones reaccione de forma exagerada como los padres helicóptero, que son hipervigilantes, sobreprotectores e invasivos, a pesar de sus buenas intenciones. Cuando esto sucede, los pensamientos, emociones y sensaciones corporales generados por la mente pueden producir conductas que provocan más malestar y crean nuevos problemas. La mente sobreprotectora que reacciona exageradamente puede impulsarte, si se lo permites, a que te comportes de una forma que te aleja de tus propios valores.

Una vez más, esta parte de tu mente está percibiendo una amenaza. Si esa percepción pasa inadvertida, reaccionas de forma automática. Esta tendencia fue de gran ayuda cuando eras niño y vivías situaciones que te atemorizaban. Entonces tu mente te impulsaba a reaccionar de un modo que sentías que te ayudaba a sobrevivir. Pero ya no eres un niño, no necesitas comportarte de la misma forma para sentirte seguro. Tus conductas automáticas y habituales ya no son útiles en tu entorno actual. De hecho, son perjudiciales para ti y tus relaciones, y están generando un sufrimiento innecesario. No obstante, puedes eliminar dicho sufrimiento mediante la técnica del mindfulness.

El mindfulness puede cambiar ese ciclo que no resulta nada útil, haciéndote tomar conciencia de lo que experimentas momento a momento. Tus reacciones automáticas se han fortalecido con el paso del tiempo, motivo por el cual no resultará sencillo deshacer los patrones. Sin embargo, tienes algunos ayudantes: tus valores, que te guiarán para que puedas cambiar tus reacciones primitivas en acciones eficaces. Vamos a ver ahora de qué manera la práctica del mindfulness puede influir positivamente en la relación que tienes contigo mismo y con los demás.

Beneficios del mindfulness

Antes de que nos adentremos en los principios específicos del mindfulness, vamos a explicar algunos de sus beneficios. Esto debería servirte como una motivación para incorporar esta técnica en tu vida cotidiana.

- Amplía tu conciencia de la vida cotidiana, lo que a su vez aumenta tu sensación de bienestar.
- Incrementa la flexibilidad psicológica, que te permite reconocer que los pensamientos desagradables e intolerables pueden existir sin que tengas que actuar de acuerdo con ellos y, por el contrario, puedas actuar según tus propios valores.
- Te enseña a concentrar tu atención en tus valores y actuar de acuerdo con ellos.
- Promueve la regulación de las emociones, permitiendo que existan sin que reacciones de forma automática e inconsciente.
- Te conecta con la autocompasión, la amabilidad y la comprensión de tu propia persona, para que puedas sustituir los juicios y las críticas. Te concede la capacidad de reconocer que los errores forman parte del ser humano (Davis y Hayes 2011). Y además te enseña a tomar distancia de tus comportamientos («Hice algo malo, pero no soy una mala persona»).

- Se ha demostrado que una práctica regular de mindfulness reduce la materia gris que hay en la región cerebral de la amígdala (el asiento de nuestras emociones) y la aumenta en las partes del cerebro que están implicadas en el aprendizaje, la memoria y la regulación emocional (Yang *et al.* 2019).

Estas son razones de peso para adoptar una práctica regular de mindfulness. Te ayudará a tolerar las intensas emociones negativas que experimentas cuando se activan tus creencias fundamentales. Si eres capaz de soportar estas emociones sin reaccionar, puedes acabar con el ciclo disfuncional que perpetúan tus conductas basadas en el miedo. Cuando permaneces en el momento presente —sin estar afectado por un sufrimiento del pasado ni sentir pánico frente a las posibilidades futuras—, puedes regular más fácilmente tus emociones y desarrollar una conducta y una comunicación que favorecen los apegos sanos. Con un poco de práctica, podrás advertir en qué momento se activan tus creencias fundamentales impulsadas por el miedo, prestas atención a tu experiencia interior sin juzgarla, toleras las emociones que amenazan con desbordarte y reaccionas de un modo que está de acuerdo con tus valores (Harris 2021a).

Observa tus pensamientos

Tendemos a aceptar nuestros pensamientos como si fueran hechos. Esto es especialmente cierto si tus pensamientos responden a una creencia fundamental:

- *Todas las personas que quiero terminan por abandonarme.* Este pensamiento es el resultado de una creencia fundamental de abandono.
- *Tengo que protegerme para que nadie me haga daño.* Este pensamiento es producto de una creencia fundamental de desconfianza y maltrato o abuso.
- *Nunca conseguiré recibir el amor que necesito.* Este pensamiento es el resultado de una creencia fundamental de privación emocional.
- *No merezco ser amado.* Este pensamiento es producto de una creencia fundamental de imperfección.
- *Soy un fracasado.* Este pensamiento es el resultado de una creencia fundamental de fracaso.
- *No soy competente.* Este pensamiento es producto de una creencia fundamental de dependencia.
- *Las necesidades ajenas me importan más que las mías.* Este pensamiento es el resultado de una creencia fundamental de sometimiento.

Es probable que hayas llegado a creer, consciente o inconscientemente, en las afirmaciones que se relacionan con tus creencias fundamentales. Quizás sientas que estas creencias, y las afirmaciones asociadas a ellas, forman parte de ti tanto como tu color de ojos. Una práctica regular de mindfulness puede contribuir a que te apartes de tus creencias y pensamientos negativos (Vreeswijk, Broersen y Schurink 2014).

El problema de tratar nuestros pensamientos como si fueran hechos es que a menudo nos comportamos inconscientemente de un modo que refuerza dichos pensamientos y los convierte en realidad. Al aprender a aceptar tus pensamientos sin juicios, críticas ni intención de cambiarlos, puedes tomar distancia de ellos. Tal como afirma el maestro de meditación Jon Kabat-Zinn, un pensamiento no es un hecho; un pensamiento es simplemente un pensamiento.

Ejercicio inicial de mindfulness: observa tu mente

Es posible que al principio este ejercicio te resulte complicado porque tu objetivo esencial va a ser no juzgar. Después de haberte juzgado durante toda tu vida, no te va a resultar sencillo erradicar este hábito. No obstante, una práctica regular te ayudará a conseguirlo.

Este ejercicio solo te llevará cinco minutos. Utiliza un temporizador (y si estás usando tu teléfono inteligente, activa el ajuste «No molestar»). Siéntate cómodamente en una silla, aunque también puedes tumbarte si te resulta más fácil. Cierra los ojos. Concéntrate en tus pensamientos. Cuando un pensamiento irrumpa en tu mente, toma nota de él sin juzgarlo, criticarlo ni tratar de modificarlo. Observarás que los pensamientos pasan como si fueran hojas que flotan en un arroyo, nubes que se mueven por el cielo o equipajes que dan vueltas en la cinta transportadora. Tal vez consideres que es difícil quedarte con un pensamiento. Los pensamientos van y vienen. Es probable que observes que estás haciendo juicios, como por ejemplo, que algunos pensamientos te agraden o por el contrario quieras deshacerte de los que te resultan desagradables. En este caso vuelve a concentrarte en observar tus pensamientos sin juzgarlos.

Hacer este ejercicio diariamente, mejor por la mañana, te ayudará a separarte de los pensamientos asociados con tus creencias fundamentales. Empieza por cinco minutos y aumenta progresivamente hasta diez. Una vez terminada tu práctica matutina, intenta incluir en tu jornada la atención, receptividad y aceptación que te ha brindado la experiencia.

Hacer lo contrario

Si eres como la mayoría de las personas que reaccionan de una manera mecánica o irracional en vez de hacerlo conscientemente, habrás notado el gran contraste que existe entre las dos conductas. Incluso podrías decir que son opuestas. De hecho, «hacer lo contrario» es una estrategia muy útil.

El ejemplo más memorable de «hacer lo contrario» procede de un episodio de *Seinfeld*.* Jerry, George y Elaine están cenando juntos, como de costumbre. Mientras conversan George les dice que todas las decisiones que ha tomado en su vida han sido erróneas. Su vida es completamente opuesta a todo lo que él hubiera deseado. No tiene trabajo, está arruinado, vive con sus padres y no tiene pareja. En respuesta, Jerry le aconseja hacer lo contrario. Le dice que si todos sus instintos son desacertados, entonces lo opuesto a cada uno de ellos debería ser lo correcto. Es una conversación distendida y graciosa que más tarde, cuando George ponga en práctica el consejo de Jerry, le reportará algunos éxitos.

Igual que George, todos nos quedamos estancados en patrones que ya no nos sirven. Y, por lo general, dichos patrones funcionan de manera inconsciente hasta el punto de que parecen formar parte de nosotros. Reconocer nuestras reacciones y acciones puede ser muy importante. Y lo es especialmente cuando tienes una relación basada en un vínculo traumático y sientes que no tienes ningún control sobre la situación o que has perdido el control. Esta es una oportunidad para asumir el control y tomar la decisión (que a menudo será contraria a tu reacción acostumbrada) de actuar de acuerdo con tus valores.

---

* N. de la T.: *Seinfeld* es una comedia de situación estadounidense.

Cuando pasas de una reacción primitiva a una acción con sentido, te estás apartando de lo que es conocido y familiar, es decir, de lo que te hace sentir seguro, entras en un terreno inexplorado y tienes que aceptar la incertidumbre. Y a esa parte de ti que reacciona de forma automática eso le provoca mucha inseguridad. Tus pensamientos motivados por el miedo te recordarán que es más seguro para ti permanecer en el bucle de conductas que te han ayudado a sentirte seguro a lo largo de toda tu vida. Es un argumento atractivo y convincente. Sin embargo, estás leyendo este libro porque quieres una vida diferente. Quieres hacerte cargo de lo que puedes controlar y reconciliarte con todo aquello que no puedes controlar. Con esfuerzo y práctica, puedes aprender a regular tu conducta concentrando tu atención en el momento presente, reconocer qué es lo que tu mente primitiva está empujándote a hacer y, en vez de hacerle caso, recurrir a tu mente racional y elegir una acción concreta y eficaz.

La transición desde una conducta impulsada por las creencias fundamentales hacia otra que esté basada en tus valores no será fácil. De todos modos, el camino que has recorrido para llegar hasta aquí tampoco ha sido sencillo; de hecho, en muchos momentos ha sido doloroso y decepcionante. Con cada una de tus acciones conscientes y efectivas conseguirás que tu mente racional se fortalezca; y cada vez que ignores la reacción de tu mente primitiva, esta perderá fuerza. Esto no sucederá de la noche a la mañana; necesitarás primero dominar dos factores: el tiempo y el mindfulness.

Ejercicio: Determinar acciones acordes con los valores

Toma tu diario y mira las notas referidas al capítulo seis. Selecciona tus cinco valores más importantes. A continuación, escribe junto a cada uno de ellos las conductas actuales que te están apartando del valor que has apuntado. Luego, escribe la conducta que responde a ese valor.

Valor:

Reacción instintiva:

Acción coherente:

¿Recuerdas a Joy, de capítulos anteriores? Vamos a ver cómo ha hecho ella este ejercicio.

Valor: *gratitud.*

Reacción instintiva: *si me siento decepcionada o disgustada por algo, me centro en lo negativo. Es como si los árboles no me dejaran ver el bosque. En cuanto comienzo a recorrer un camino negativo, siento que no hay vuelta* *atrás. Me cierro: no puedo reconocer lo bueno y no puedo corresponder los buenos sentimientos que me expresan otras personas, como por ejemplo mis amigos.*

Acción coherente: *me retiro conscientemente del camino negativo en el que me he metido y vuelvo a tener en cuenta la amabilidad y el afecto que mis amigos me brindan. Practicar la gratitud me recuerda que en mi vida hay cosas buenas.*

Valor: *respeto por ti mismo.*

Reacción instintiva: *aun cuando sé que la persona con la que estoy saliendo, o un miembro de mi familia, no me está tratando bien, tiendo a disculpar su comportamiento porque no quiero que me abandonen. Esto me hace sentir todavía peor conmigo misma, y entonces siento que merezco que me maltraten. Esta reacción instintiva está definitivamente relacionada con mi problema de confundir intensidad con intimidad. La intensidad puede asumir la forma de una conducta negativa, que yo suelo disculpar porque me hace pensar que realmente me quieren.*

Acción coherente: *pongo un límite firme a la persona con la que estoy saliendo cuando no me trata de la forma que yo necesito o merezco. Comunico claramente mis necesidades.*

Valor: *pertenencia.*

Reacción instintiva: *si la persona con la que estoy saliendo, o un nuevo amigo, no me acepta de inmediato,* *empiezo a sentir que no deseo seguir esforzándome. Cuando no me siento bien recibida rápidamente, tengo la sensación de que nunca pertenezco a nadie ni a ningún sitio.*

Reacción coherente: *incluso aunque experimente una incertidumbre inicial en la relación con alguien, como puede ser un nuevo amigo, estoy dispuesta a hacer el esfuerzo necesario para ver si la otra persona me responde con el mismo esfuerzo e interés.*

Valor: *proximidad.*

Reacción instintiva: *cuando siento que me rechazan, me encierro en mí misma y no demuestro a la otra persona cuánto me importa que me quiera y cuánto la quiero yo.*

Acción coherente: *si quiero que en mi vida haya intimidad y conexión, tengo que ser lo suficientemente valiente como para mostrar que eso es lo que me interesa.*

Valor: *dependencia.*

Reacción instintiva: *debido a que mi padre nos abandonó, a menudo espero que otras personas que hay en mi vida también me abandonen. Como ya he mencionado, cuando tengo la sensación de que otra persona está intentando alejarse de mí, lo interpreto como un signo de que no le intereso y pienso que nunca estará disponible para mí cuando la necesite.*

Acción coherente: *en mi vida quiero personas con las que pueda contar y en las que pueda confiar. Cuando me siento insegura o ansiosa porque no sé si puedo contar* *realmente con una persona de confianza, le comunico mis preocupaciones y le explico lo que necesito para sentirme mejor.*

Vuelve a leer tus respuestas. ¿Qué es lo que percibes al observar tu reacción instintiva y tu acción coherente? ¿Te ha impactado el contraste que existe entre ambas?

A continuación presentamos lo que respondió Joy: *El contraste que hay entre mi reacción instintiva y mi acción coherente es como la noche y el día. Algo que observo para cada uno de los valores es que si tal vez simplemente diera un paso atrás, me calmara y considerara la situación de una manera más holística, podría realizar esa acción coherente.*

Por último, deberías hacer este ejercicio con cada uno de tus valores con el fin de tener un esquema que te permita llevar una vida en la que realmente *vivas* todos estos valores, en lugar de tener una vida condicionada por el miedo y los vínculos traumáticos.

Una acción basada en valores

A lo largo de la próxima semana, elige al menos una de las acciones que has indicado y practícala. Luego apunta en tu diario lo que has experimentado. No importa lo grande o pequeña que sea la acción; merece la pena realizar cualquier acción y reflexionar sobre ella. ¿Qué has sentido al comportarte de una forma que es contraria a lo que tus vínculos traumáticos te han condicionado a hacer durante tanto tiempo? ¿Has sentido miedo? ¿Ha sido liberador? ¿Ha sido un poco de ambas cosas?

Si te apetece, repite este ejercicio con otras acciones acordes con valores que hayas apuntado.

Tiempo

Nuestra mente primitiva —que fue diseñada para ayudarnos a desarrollarnos y progresar en un pasado que era mucho más peligroso para los seres humanos— quiere que actuemos rápidamente (luchar, huir, paralizarse o forzar). No hay tiempo para pensar; si dudas corres el riesgo de que te maten. Esto hace que el tiempo en sí mismo sea una herramienta útil para no incurrir en una reacción altamente emocional desencadenada por un determinado evento o situación. La ansiedad, esa sensación en la boca del estómago, y los pensamientos acelerados que experimentas perderán su poder si les das un poco de tiempo. El tiempo te ofrecerá la oportunidad de cambiar tu foco de atención del pasado al presente. Cuando tu mente está enfocada en el presente, puedes convertirte en un observador curioso de tu propia experiencia. Y cuando llegues al momento presente, las emociones, pensamientos y sensaciones negativos que están arraigados en el pasado perderán su poder y la mente primitiva será menos persuasiva. Entonces serás capaz de elegir una acción basada en valores.

Cuando experimentas emociones intensas, puedes sentir la necesidad de actuar de inmediato. La situación parece urgente, aunque en la mayoría de los casos rara vez se trata de una emergencia. Tu mente primitiva está intentando mantenerte a salvo, de manera que siempre te hace sentir que necesitas actuar con rapidez. Presta atención a lo que realmente es un momento delicado, a lo que es urgente y lo que es importante.

Hay algunas herramientas útiles que puedes utilizar para superar una tormenta emocional después de un evento que te haya desencadenado emociones fuertes y llegar a un estado de calma en el que puedes tomar decisiones basadas en tus propios valores. Vamos a analizar juntos dos herramientas esenciales: llevar un diario y pasar tiempo en la naturaleza.

Lleva un diario

Ya has estado utilizando la primera herramienta que te recomendamos para superar tus tormentas emocionales: llevar un diario para escribir tus pensamientos, sentimientos y sensaciones. El motivo por el cual incorporamos ejercicios en el libro es ayudarte a que te acostumbres a apuntar lo que sientes, con la esperanza de que sigas avanzando en tu camino hacia la sanación.

El hecho de escribir lo que piensas y sientes, que se opone a simplemente pensar o hablar de ello, puede ser especialmente beneficioso. Puede ayudarte a afinar tu atención para que puedas centrarte en los aspectos específicos de la situación y en las particularidades de tu propia experiencia, algo que puede resultar difícil en medio de las prisas de la vida cotidiana. Se ha demostrado que llevar un diario y anotar las cosas importantes que pasan en la vida puede mejorar la salud mental y el bienestar físico. Llevar un diario reduce la ansiedad, interrumpe el ciclo de los pensamientos obsesivos, mejora la conciencia y la percepción de los acontecimientos, regula las emociones y mejora el estado anímico general. Cualquier práctica que te invite a la reflexión, como es llevar un diario, facilitará que tomes decisiones basadas en tus propios valores.

En medio de una tormenta emocional puede ser muy beneficioso hacer una pausa en cualquier actividad que estés realizando, o en cualquier situación en la que te encuentres, y reservar un poco de tiempo y espacio personal para escribir y luego reflexionar sobre lo que has escrito. Si tus miedos se disparan y comienzas a experimentar ansiedad, apúntalo en tu diario. Hacer un descanso para reflexionar sobre lo que has escrito te dará una perspectiva más clara sobre las cosas. Cuando te dedicas a escribir en tu diario con la ayuda de indicaciones o ejercicios como los que has encontrado en este libro, o simplemente para escribir lo que se te ocurra, tomas conciencia de lo que estás pensando, sintiendo y experimentando en ese momento (Nhat Hanh 2012).

Llevar un diario puede resultar intimidante. Algunas veces puede desencadenar sentimientos difíciles de afrontar. En otros momentos puedes sentirte cohibido y tal vez podrías sentirte reacio a escribir sobre tus pensamientos y sentimientos por el temor de verlos registrados en el papel. Vamos a hablar de algunas técnicas que podrían ser de ayuda.

Una de las técnicas que podrías utilizar es comenzar poco a poco. ¿Recuerdas a Tayshia, del capítulo siete? Nunca había llevado un diario, y se ponía nerviosa de solo pensar en escribir sobre sus pensamientos y sentimientos. Le abrumaba la mera idea de verlos sobre el papel. Para Tayshia, que tenía tendencia a ocultar partes de sí misma, apuntar sus sensaciones en el diario la hacía sentir vulnerable. Quería comenzar con un enfoque que le resultara accesible: apuntar frases cortas. En vez de escribir largos párrafos acerca de cómo se sentía, escribía comentarios breves, de uno en uno. Llevar un diario fue muy útil para Tayshia, a la que le cuesta verse a sí misma y a los demás con precisión debido a las relaciones basadas en vínculos traumáticos que ha tenido en el pasado. Si tú también estás escribiendo por primera vez en tu diario, considera la posibilidad de hacer afirmaciones o preguntas simples. Con el tiempo podrás hacer anotaciones más extensas.

Otra técnica que puede ayudarte a adquirir la costumbre de escribir en tu diario es hacerlo de manera regular. Podrías considerar incluir en tus rutinas actuales un tiempo destinado a escribir en tu diario. Hacerlo de forma consistente, ya sea diaria o semanalmente, te facilitará la tarea. Cuanta más regularidad tengas, más rápido comprobarás los beneficios.

Las preguntas y evaluaciones que has respondido hasta el momento —que te han llevado a reflexionar sobre tus creencias fundamentales y la forma en que modelan tu conducta, a analizar los patrones de tu vida que deseas cambiar, a pensar sobre las relaciones amorosas que has tenido y sobre otras experiencias que han sido complicadas, entre otras cosas— constituyen una excelente manera de empezar a escribir en tu diario. No abandones la práctica, al menos escribe una línea o frase cada vez. En cuanto hayas conseguido escribir de manera regular, buscarás instintivamente tu diario cuando una situación determinada te provoque emociones intensas. Escribir te ayudará a tomar contacto con tu mente racional y regresar a un lugar de calma. En tu diario también puedes anotar tus éxitos, esas ocasiones en las que te has dejado guiar por tu mente racional o por tus valores, y los resultados positivos y las alegrías que te ha reportado esa forma de actuar.

Pasa tiempo en la naturaleza

Otra herramienta que puedes utilizar para transitar una tormenta emocional es salir a dar un paseo y conectar con la naturaleza. Los psicólogos han pregonado durante mucho tiempo los beneficios que reporta pasar tiempo en el exterior, y una importante cantidad de investigaciones sugieren que estar al aire libre en un entorno natural, como puede ser un parque o una ruta de senderismo, efectivamente tiene un impacto positivo en la salud mental. Cuando sales de tu entorno habitual, que por lo general es tu propia casa, interrumpes tus conductas automáticas. Salir de casa puede funcionar como una pausa que te ayude a tomar distancia de la persona o situación que ha generado el conflicto y las emociones que ese conflicto ha desencadenado. Al concentrarte en el entorno que te rodea y situarte en el presente, te apartas de las reacciones de la mente primitiva y te encaminas hacia las reacciones racionales.

¿Qué te parece si la próxima vez que necesites recuperar la serenidad decides ir a dar un paseo? Sal de casa. Elige una calle o un camino por los que habitualmente no transitas, evita el recorrido rutinario que haces para llegar a la parada del autobús o al metro, o el que haces en tu coche o bicicleta, y también ese trayecto por el que pasas delante de tus tiendas favoritas. ¿Qué o a quién descubres cuando miras a tu alrededor? Nombra diez cosas que hayas observado. Busca un color brillante; puede ser una flor, la puerta de una casa o un vehículo. Ahora busca un patrón. Mientras retiras tu atención de la situación que te produce estrés, observa si tus pensamientos y sentimientos negativos se han disipado. Continúa observando todo lo que hay a tu alrededor. ¿Qué sensaciones te despierta la acera por la que estás caminando? ¿Cómo es el aire? ¿Qué sensaciones te despierta la temperatura? Si cruzas al lado soleado de la calle, ¿el calor tiene alguna incidencia en tu estado anímico? Cuando estás centrado en lo que captura tu atención, y también cuando le imprimes una nueva dirección, tu mente puede liberarse de la trampa de la tormenta emocional.

Ahora vamos a imaginar cómo podrías integrar el mindfulness en un paseo por la naturaleza. A medida que recorres el camino, ¿has notado algún cambio en el paisaje? Si no supieras qué estación del año es, ¿podrías adivinarlo al mirar los árboles? Presta atención a tu respiración. Es posible que se acelere cuando subes una pendiente y que sea más lenta si aminoras el paso para mirar una planta que te ha despertado curiosidad o el rastro de un animal que has encontrado en el camino. Cuando tu cuerpo necesite hacer un descanso, encuentra un sitio para detenerte donde nadie pueda interrumpirte. Respira profundamente varias veces para que tu cuerpo entre en estado de reposo. Las respiraciones profundas pueden ayudarte a recuperar la calma y aliviar el estrés. Ahora que te has detenido, presta atención a los otros sentidos. ¿Sientes algún sabor especial? Quizás tengas la boca seca debido al esfuerzo físico. ¿Hueles algo? Los aromas pueden ser diferentes si estás sentado, porque tu cuerpo está más cerca de la tierra. ¿Qué oyes? Presta mucha atención a lo que está sucediendo a tu alrededor. ¿Qué sonido destaca en este momento? Mientras sigues prestando atención, ¿qué sonidos más suaves surgen del fondo? Agarra un poco de tierra, piedras, hierba o cualquier otro material natural y sostenlo en tu mano. ¿Cómo es su textura? ¿Qué sensación tienes mientras lo mueves entre tus dedos? Cuando hayas terminado esta exploración sensorial, puedes seguir andando. Al terminar tu paseo piensa en qué palabra emplearías para describir el entorno por el que has caminado. A continuación, piensa en una palabra que utilizarías para describir cómo te has sentido durante tu tormenta emocional y otra palabra para describir cómo te sientes después de tu experiencia en la naturaleza.

¿Es posible que un cambio de ambiente dé lugar a un cambio de perspectiva? Dar un paseo teniendo el mindfulness como guía puede ayudar a promover la flexibilidad psicológica y la regulación emocional. Esta actividad no siempre puede restablecer la calma, pero está muy bien que puedas sentirte calmado aunque solo sea durante unos pocos segundos o minutos. Mindfulness en la naturaleza es solo una de las muchas herramientas que puedes utilizar para afrontar los desafíos planteados por tu experiencia con las relaciones basadas en vínculos traumáticos y las personas tóxicas (Braman *et al.* 2019).

Seguimos adelante

Cuando tienes una experiencia traumática, el cerebro primitivo genera sensaciones físicas en respuesta a un suceso que desencadena emociones fuertes: el ritmo cardíaco se acelera y sientes náuseas, pánico o tensión en el pecho. Has tomado conciencia de que tu trauma, los miedos relacionados y las creencias fundamentales te mantienen estancado. Y es muy probable que ahora entiendas mucho mejor los cambios que puedes hacer —las acciones guiadas por tus valores— para liberarte de tus relaciones basadas en vínculos traumáticos y de las personas tóxicas.

De todos modos, determinado tipo de personas o situaciones relacionadas con tu trauma pueden seguir provocándote emociones intensas. Tu cerebro primitivo continuará generando las emociones, pensamientos y sensaciones que acompañan a tus miedos. De manera que eso no cambiará demasiado, pero lo que sí se modificará drásticamente es la forma en que reaccionas ante el malestar. El cerebro racional, con la ayuda del mindfulness, puede ayudarte a resistir el impulso del cerebro primitivo.

En el siguiente capítulo nos ocuparemos del duelo y la pérdida que sobrevienen al terminar una relación afectiva, aunque dicha relación haya sido muy tóxica.

CAPÍTULO 9

Reconoce el duelo y la pérdida

En tu vida ha habido muchas carencias: cómo debería haber sido tu infancia, el amor incondicional que deberías haber recibido, la seguridad que merecías, la aceptación que anhelabas y la guía que necesitabas. A través del proceso de identificar tus creencias fundamentales y las experiencias que las originaron, has tomado conciencia de las creencias basadas en el miedo que han estado condicionando tus decisiones, y también de las experiencias positivas que faltaron en tus años de desarrollo. En esos años hubo una considerable tristeza no reconocida. Este capítulo se ha diseñado para ayudarte a procesar tus sentimientos de pérdida y duelo. Es muy probable que hayas estado actuando inconscientemente para evitar las intensas emociones asociadas con la pérdida y el dolor. Tal vez sientas miedo de reconocer tu sufrimiento porque podría resultar agobiante, o quizás el temor sea quedarte bloqueado en la tristeza. Estos miedos son comprensibles; sin embargo, es importante que puedas reconocer tus sentimientos. Gracias a ese reconocimiento perderán el poder de controlarte. Ha llegado el momento de dejar de evitarlos o escapar de ellos.

El trauma de la pérdida es muy doloroso. Tú ya has sufrido experiencias de pérdida en tu vida. Y aunque es imposible indicar qué tipo de pérdida es la más dura, el fin de una relación es una situación difícil de transitar; en especial, el fin de una relación basada en vínculos traumáticos. En el capítulo cinco, que trata de la tensión que hay entre intimidad e intensidad, hemos destacado las cualidades adictivas inherentes a un vínculo traumático (la intensidad es única). Como resultado, mientras procesas tu pérdida podrías experimentar más emociones intensas.

Si bien es importante que reconozcas tus aflicciones pasadas, también podrías estar afrontando la pérdida de una relación. El fin de una relación basada en vínculos traumáticos o de una relación tóxica es doloroso incluso aunque entiendas que significa un progreso.

Etapas del duelo

Todos nos afligimos o lamentamos de una manera diferente, y la sanación rara vez es lineal. Aun así, Elizabeth Kübler Ross indicó cinco etapas del duelo que ofrecen un marco útil para normalizar tu experiencia. Pese a que su teoría fue desarrollada originalmente para la muerte de un ser querido, ha sido utilizada de manera efectiva para cualquier pérdida, incluyendo la pérdida de una relación. Las cinco etapas son: negación, negociación, ira, depresión y aceptación (Harris 2021b).

La *negación* suele surgir en el periodo inicial, durante el cual la pérdida no parece real. Podrías experimentar una sensación de desconexión o insensibilidad. Y también podrías querer evitar hablar de la pérdida, porque eso la hace más real.

La *ira* suele manifestarse periódicamente. Si has dado por terminada una relación, es probable que tu decisión haya estado acompañada por la ira. Quizás la otra persona dijo o hizo algo que para ti fue la gota que colmó el vaso, y decidiste que ya no estabas dispuesto a seguir aceptando que no te trataran bien. Mientras reflexionas sobre la relación después de la ruptura, es posible que te enfades contigo mismo por todo lo que has soportado o por la forma en que has respondido. Es normal que experimentes esta emoción como parte del proceso de duelo.

La *negociación* es una etapa en la que podrías caer mientras reflexionas sobre la relación y te imaginas cómo hubiera podido ser, qué es lo que hubieras podido controlar y qué es lo que hubieras hecho de otro modo si... Es probable que entres en esta etapa mientras intentas asimilar que ya nunca llegará ese futuro que esperabas tener con tu pareja durante el periodo de luna de miel de la relación.

La *depresión* no se refiere al diagnóstico clínico de depresión, sino a la tristeza y la nostalgia que pueden acompañar el fin de tu relación y de tus sueños de tener un final feliz con tu pareja. Estos sentimientos aparecerán en oleadas y, en algunos momentos, de forma inesperada.

La *aceptación* surgirá a medida que el dolor remita y empieces a ver que puedes controlar la situación. Tendrás la esperanza de tener una nueva relación en el futuro, una relación sana y cariñosa. Una vez más, podrías entrar y salir de esta etapa varias veces hasta que consigas hacer las paces con tu realidad.

No existe un orden prescrito para estas etapas, y es posible que no las experimentes todas. También puede ocurrir que recaigas varias veces en algunas de ellas. En última instancia, lo más probable es que experimentes muchas emociones cuando haces un cambio importante y pasas de lo que te resulta familiar —incluso aunque sea tóxico— a la incertidumbre que acompaña a toda pérdida (Harris 2021b).

Al principio quizás no puedas dejar de pensar en las cosas horribles que te han hecho, y esto puede estar acompañado por una sensación de alivio al haber conseguido liberarte. Una vez que esas emociones y esos pensamientos negativos han perdido su poder, pueden ser reemplazados por pensamientos relacionados con los buenos tiempos. Esto puede producir nostalgia y el deseo de volver a estar con la persona que amabas. A menudo estas sensaciones se desencadenan después de una cita en la que has conocido a alguien y no has sentido ninguna química. Y es muy probable que te embargue la tristeza por no poder compartir el futuro con esa persona, ese sueño en el que creías al inicio de la relación, cuando sentiste que era la persona que estabas esperando.

El cerebro primitivo genera emociones que acompañan a cada una de las respuestas guiadas por el miedo: luchar, huir, paralizarse o forzar. La respuesta de lucha puede manifestarse como ira, frustración e irritabilidad; las emociones correspondientes a la respuesta de huida son el miedo, la ansiedad y la preocupación; la respuesta emocional de parálisis puede presentarse como insensibilidad, apatía, cansancio, desconexión o retraimiento, y la respuesta de imposición puede aparecer como dependencia y también como búsqueda de atención y de seguridad. Toma conciencia de las emociones que sientes mientras transitas una experiencia de pérdida. Asimismo, tendrás conductas asociadas con tus reacciones emocionales. Dichas conductas pueden abarcar desde aislarte y anestesiarte hasta distraerte, y casi siempre crean otros problemas, como por ejemplo, comprometer tu salud por comer en exceso; incurrir en gastos por encima de tus posibilidades; consumir drogas o alcohol que agravan la depresión y la baja autoestima; conocer a alguien, lo que acrecienta tu sensación de nostalgia, o volver a conectar con tu ex, algo de lo que más tarde te arrepentirás. Basándote en tus experiencias pasadas y en las respuestas que has dado en la evaluación del temperamento, ¿puedes identificar cuáles son tus conductas de afrontamiento? ¿Puedes hacerte consciente de ellas para poder evitarlas y reemplazarlas por otras conductas de afrontamiento que sean más útiles para ti?

Etapas del duelo

Apunta en tu diario las respuestas a las siguientes indicaciones. Considera en qué fase del duelo te encuentras actualmente, ya que se relaciona con tu experiencia más reciente de una relación basada en vínculos traumáticos. ¿Cuál de las etapas que acabamos de mencionar —negación, ira, negociación, depresión y aceptación— te resuena? ¿Por qué? ¿Cuál de las etapas no te dice nada? ¿Por qué? Al pensar en estas etapas, y en los complicados sentimientos asociados a ellas, tal vez te resulte difícil responder. Reflexiona cuidadosamente sobre en qué etapa del proceso de duelo te encuentras.

Autocompasión

Tal vez te culpes por las experiencias que has tenido con tus relaciones afectivas, empezando por la infancia y la adolescencia. Muchos pensamientos motivados por las creencias fundamentales culpabilizan al niño («Fue mi culpa, yo no merecía que me quisieran»; «Ojalá no hubiera sido tan demandante»; «Yo necesitaba más amor del que me podían ofrecer»), y esto se perpetúa hasta la vida adulta. Tiene sentido que te hayas quedado bloqueado en un patrón de actuar y reaccionar de acuerdo con estas creencias fundamentales. Practicar la autocompasión puede ayudarte a que te liberes de patrones conductuales y relacionales.

Tu crítico interior es probablemente un compañero constante y tiene una voz potente. Te distrae, y no tiene el hábito de hacerte sentir mejor contigo mismo. Esto representa un enorme obstáculo cuando intentas hacer cambios positivos en tu vida. Ha llegado el momento de reemplazar al crítico interior por la autocompasión. Tal vez no estés familiarizado con la autocompasión, pero es posible que conozcas a su hermana, la compasión. A lo largo de los años es muy probable que te hayas compadecido de muchas personas que estaban viviendo una pérdida o momentos de dificultad. Las habrás escuchado con el corazón abierto y habrás pronunciado palabras de apoyo y ánimo. Ya es hora de que dirijas esa compasión hacia ti mismo. Al principio te resultará poco familiar e incómodo, pero eso es solo la kriptonita del crítico interior. Nuestro objetivo es que te deshagas de tu constante compañero actual, ya que aumenta tu ansiedad y tu depresión. Entonces, ¿qué es la autocompasión? Practicar la autocompasión implica reconocer tus equivocaciones y perdonarte. Significa aceptar que estás sufriendo y afrontar ese sufrimiento de una forma amable (*Harvard Health Publishing* 2022).

A lo largo de este libro te has hecho consciente de lo que estaba fuera de tu control: el trauma que experimentaste en tu infancia, tu estilo de apego, tu temperamento y tus creencias fundamentales. Es importante reconocer la pérdida de esa infancia que hubieras querido tener y el dolor de no haber tenido relaciones sanas con tus cuidadores, amigos y otras personas. A menudo es más fácil iniciar una práctica de autocompasión con el niño que fuiste, porque a veces no es sencillo ablandar tu corazón contigo mismo cuando eres adulto. Es mucho más fácil practicar con el niño herido que todavía forma parte de ti. Para facilitarte el acceso a ese niño herido que hay en tu interior, prueba el siguiente ejercicio de autocompasión, que ha sido adaptado y modificado de *Love Me, Don't Leave Me* [Ámame, no me dejes] (Skeen 2014).

Compasión por el niño que fuiste

Busca una fotografía de cuando eras niño.

Obsérvala durante un rato. Escribe en tu diario qué dirías o harías para que el niño de la foto se sintiera seguro, amado, aceptado, valorado, reconfortado, adorado y respetado.

Cuando mirabas la fotografía, ¿qué sentías?

Escribe qué le hubieras dicho a ese niño mientras experimentaba los eventos traumáticos que formaron sus creencias fundamentales.

Emplea tu diario para expresar tu dolor por las pérdidas que has experimentado y por todas las cosas que faltaron en tu infancia. Identifica la gama de emociones que todo esto te suscita (tristeza, rabia, arrepentimiento, culpa y otras más) mientras te permites procesar tu duelo.

¿Has sido capaz de abrir tu corazón ante ti mismo?

¿Te ha resultado más difícil ser compasivo contigo mismo que ser crítico?

Vuelve a la fotografía y repite este ejercicio cada vez que tengas pensamientos y sentimientos negativos sobre tu propia persona. Aquietar y ablandar tu corazón te ayudará a sanarte. Piensa en algunas frases reconfortantes o tranquilizadoras que puedes utilizar para abrir tu corazón cuando tu crítico interior está presente.

A continuación enumeramos otras formas de practicar la autocompasión:

- Haz algo que te haga sentir mejor físicamente, como puede ser comer algo nutritivo, recibir un masaje general o de pies, ir a la pedicura, asistir a una clase de yoga o salir a dar un paseo.
- Habla contigo mismo como si hablaras con un amigo. A lo largo de este periodo de duelo, imagina qué le dirías a un amigo que estuviera en la misma situación y dítelo a ti mismo. Recuerda que estás respondiendo a tu sufrimiento con amabilidad.
- Escribe una carta para ti. Describe tu situación actual y asegúrate de identificar tus sentimientos sin culparte ni culpar a otra persona.
- Practica mindfulness. Esto significa observar tus pensamientos, sentimientos y conductas sin juzgarlos. Para conocer la práctica del mindfulness, lee el capítulo ocho y la siguiente sección.

La autocompasión es una práctica desconocida e incómoda después de haber pasado toda una vida con tu crítico interior, pero si te dedicas regularmente a ella comprobarás los beneficios que reporta tratarte con el corazón y la mente abiertos.

Mindfulness y duelo

¿Has observado que te estabas resistiendo a las complejas emociones que te embargaban después de dar por terminada tu relación? ¿Sigues luchando por controlar las situaciones adversas y por ser más fuerte que esas emociones no deseadas que pueden llegar a agobiarte? Como explicamos en el capítulo ocho, el mindfulness puede ayudarte a considerar los pensamientos y sentimientos negativos como experiencias temporales. Tal vez te sientas agotado de luchar y resistirte a dichos pensamientos y emociones. ¿Y si dejaras de luchar y los consideraras como las experiencias temporales que en realidad son? El siguiente ejercicio, que ha sido adaptado de *The Interpersonal Problems Workbook* [Problemas interpersonales: cuaderno de ejercicios] (McKay *et al.* 2013), te ayudará a observar tus pensamientos y emociones negativos sin oponer resistencia ni luchar para liberarte de ellos.

Enfoque consciente

Considera la posibilidad de utilizar tu aplicación de voz para grabarte mientras lees la siguiente práctica de enfoque consciente. Si te distraes al escuchar tu propia voz, pídele a un amigo, o a otro ser querido, cuya voz te parezca relajante que la grabe para ti.

Cierra los ojos y respira profundamente... Limítate a observar la experiencia de respirar. Observa la sensación de frescor que deja el aire al pasar por la parte posterior de la nariz o al bajar por la garganta.

Nota la sensación de expansión en las costillas y la entrada del aire en los pulmones. Toma conciencia de cómo se expande el diafragma con la respiración y de la sensación de alivio al exhalar.

Sigue observando tu respiración, prestando atención al aire que fluye de fuera hacia dentro y de dentro hacia fuera. Mientras respiras también notarás otras experiencias. Es posible que seas consciente de tus pensamientos. Cuando uno de ellos aparezca en tu mente, dite a ti mismo: «Pensamiento». Limítate a identificarlo por lo que es: un pensamiento. Si tienes conciencia de una sensación, cualquiera que sea, di: «Sensación». Y cuando adviertas una emoción repite mentalmente: «Emoción». Limítate a identificarla por lo que es: una emoción.

No trates de aferrarte a ninguna experiencia. Solo tienes que reconocerla y dejarla ir. Y luego simplemente espera la siguiente experiencia. Estás observando tu mente y tu cuerpo, identificando pensamientos, sensaciones y emociones. Si algo te resulta doloroso, toma nota de ese dolor y permanece abierto para recibir lo que ocurrirá después. Sigue observando e identificando cada una de las experiencias, cualesquiera que sean, y luego déjalas marchar con el fin de estar receptivo para lo que viene a continuación. Deja que todo suceda mientras te limitas a observar: pensamientos… sensaciones… sentimientos. Todo lo que sucede es como el clima, y tú eres el cielo. Simplemente un clima transitorio que tienes que observar… identificar… y dejar ir.

¿Cómo te sientes después de haber completado el ejercicio de mindfulness? ¿Te resultó complicado? Si así fue, eso es lo esperado. Es normal esforzarse, aunque nunca podrás hacerlo todo perfecto. Intenta transformar este ejercicio en una práctica regular. Por otra parte, debes concederte espacio para honrar tu duelo y reconocer y aceptar tu lucha y tu sufrimiento. Es una parte normal de la vida. Cuanto más intentes desentenderte, más tendrás que luchar.

En el capítulo ocho hablamos de caminar como una actividad de mindfulness. Y como acabas de leer en ese capítulo, salir a dar un paseo es un acto de autocompasión. Estar al aire libre ofrece muchos beneficios que potencian el bienestar. Andar es una manera de conectarte con tu cuerpo y estar más presente en tu experiencia. Combinar el paseo con un espacio azul y verde (entornos donde abundan las plantas y el agua) aumenta los beneficios para la salud mental y anímica. Muchas investigaciones confirman que la naturaleza desempeña una función causal para mejorar el ánimo a corto plazo. El mero hecho de sentarte o tumbarte en un parque, o debajo de un árbol en tu jardín, puede afectar positivamente a tu estado de ánimo y tus funciones cognitivas, incluyendo la memoria de trabajo; además, se ha demostrado que reduce la ansiedad (Bratman *et al.* 2019).

Si vives en una zona donde tienes fácil acceso a la naturaleza, aprovecha esa circunstancia tan afortunada. Si resides en la ciudad, tal vez no te resulte tan sencillo, aunque puedes recurrir a los parques, a los jardines privados que se pueden visitar en determinados horarios y a los espacios verdes que suele haber en todas las zonas urbanas. Los entornos acuáticos y marinos también podrían ser una opción para ti.

En algunas ocasiones, ante un dolor emocional asociado con una pérdida puedes tender a retraerte y aislarte en tu propia casa. Y esto es aún más factible si trabajas a distancia. Sin embargo, resiste esa tentación. Sal a dar un paseo, a sabiendas de que la experiencia de poner tu cuerpo en movimiento en un entorno natural te hará sentir mejor.

Adopta una práctica de gratitud

Cuando experimentas emociones asociadas a una pérdida, es fácil perder de vista las cosas buenas que hay en tu vida. Nuestras mentes están preconectadas con una tendencia a la negatividad, porque estamos en alerta máxima frente a amenazas potenciales para nuestra supervivencia, de modo que se requiere más esfuerzo para observar y reconocer los aspectos positivos de nuestra vida. Adoptar una práctica diaria de gratitud establece la intención de enfocar tu atención durante un rato en algunos de los aspectos de tu vida por los cuales estás agradecido. Se ha demostrado que la gratitud es el antídoto para la negatividad.

Los beneficios de practicar la gratitud incluyen efectos positivos en el estado anímico, como puede ser una mayor felicidad y una actitud positiva, además de bienestar físico: mejor salud, mejor dormir, menos cansancio y desgaste, y niveles inferiores de inflamación. Además, una mirada positiva de la vida puede dar lugar a una mayor resiliencia, más satisfacción y menos atención a los aspectos materialistas, además del desarrollo de la paciencia, la humildad y la sabiduría. En otras palabras, escribir sobre todo aquello por lo que estás agradecido te ofrece una gran recompensa: fortalecer tu optimismo en una época en la que te sientes triste y desesperanzado (Miller 2019).

Gratitud

Elige el momento del día que sea más adecuado y disponte a iniciar una práctica regular y constante de gratitud. Escribe en tu diario tres cosas por las que estás agradecido. Al principio tal vez te resulte un poco difícil, pero si empiezas poco a poco será más fácil acostumbrarte a esta práctica. Es probable que el mejor momento para ti sea al final del día. A continuación presentamos un ejemplo:

Estoy agradecido por:

1. *La taza de café francés de tueste natural que tomé esta mañana.*

2. *La persona que me mantuvo la puerta abierta en el edificio de mi oficina.*

3. *El perro que se acercó a mí cuando estaba sentado en un banco del parque.*

Como probablemente supones, esta práctica te ayudará a prestar atención a todas las cosas que normalmente pasan desapercibidas o que no se recuerdan, especialmente en esas etapas de la vida en las que te sientes triste o estás luchando por superar algo. En épocas de desesperanza, podemos concentrarnos en las experiencias que nos recuerdan que en la vida no todo es malo. Eso te ayudará a salir del pensamiento en blanco y negro («todo es malo») que a menudo se apropia de nuestra mente. Esta práctica también te ayudará a conseguir el objetivo de utilizar tu diario de forma habitual (Korb 2015).

Perdón

Si estás leyendo esto en un estado de ira o de duelo, es bastante improbable que tu ánimo esté dispuesto a perdonar. Sin embargo, no vas a quedarte para siempre en esta etapa, y vas a necesitar la mayor cantidad posible de herramientas que sean útiles para procesar tu pérdida. Aferrarse a los sentimientos negativos tiene consecuencias para tu bienestar físico y mental. ¿Y qué pensarías si te dijera que los estudios muestran que perdonar a alguien que te ha tratado mal, independientemente de que lo merezca o no, tiene beneficios positivos: reduce el sufrimiento, la ansiedad, la depresión, el estrés y la tensión sanguínea? Y además, duermes mejor (*Johns Hopkins Medicine*).

No necesitas contactar con la persona en cuestión para decirle que la perdonas. Puedes hacerlo escribiéndole una carta en tu diario que nunca le enviarás. Antes has practicado la autocompasión conectándote con tu niño herido. ¿Crees que puedes imaginar a la persona que te ha maltratado como ese niño herido que fue para poder sentir compasión por ella? Inténtalo. Perdona al niño interior de la persona que te ha hecho daño. Hazlo por ti.

Seguimos adelante

Estás transitando un nuevo camino que te posibilitará disfrutar de las relaciones sanas que mereces tener. Pero esto no significa que las emociones asociadas al duelo y la pérdida vayan a desaparecer. Van y vienen como olas. Acéptalos. Obsérvalos sin juzgarlos. Tu pasado no fue perfecto, pero ahora estás aquí. Has sobrevivido y estás progresando.

CAPÍTULO 10

El nuevo juego de las citas

Hemos pensado que el mejor enfoque para este capítulo (doctora Michelle Skeen) es conducirte a través de algunos de los escenarios más comunes que me han comunicado mis lectores de *Love Me, Don't Leave Me*, mi libro anterior, además de mis clientes de terapia y *coaching*. También he oído historias similares de amigos, de amigos de amigos, de la persona que estaba sentada junto a mí en un avión, de mi higienista dental… y la lista continúa. Basta con señalar que si te identificas con uno de estos escenarios, no estás solo.

Una vez que te hayas liberado de un vínculo traumático o hayas dado por terminada una relación tóxica, es posible que tengas la certeza de haber «aprendido la lección» y de que ya no volverás a caer en esa trampa otra vez. Visto en retrospectiva, tienes bastante claro cuáles son las banderas rojas que has ignorado y que ya no deberías volver a ignorar («Mi antiguo yo no supo hacerlo mejor»). Pero las trampas siguen estando allí, y en tu estado actual hipervigilante lo que no es una trampa puede parecerlo.

A continuación exponemos algunas de las trampas más comunes que se producen en las citas.

Entrar con todo

Has conocido a alguien en una aplicación de citas. Los mensajes intercambiados han sido muy sencillos. Ambos captasteis el sentido del humor del otro. Tú sentiste que era una personalidad complementaria a la tuya (eres divertido, sexi, atractivo e inteligente). Lamentablemente, no iba a ser posible conoceros en persona durante algunas semanas porque él/ella tenía que hacer un viaje por trabajo o tenía programado hacer buceo submarino con su mejor amigo/a. Esto era una verdadera lástima, porque era evidente que ambos ibais a congeniar de inmediato en cuanto os conocierais personalmente. Es posible que no haya habido mucho intercambio de mensajes mientras la otra persona estaba de viaje; sin embargo, en cuanto vuelve te envía fotos de su viaje con mucho entusiasmo. Finalmente vais a poder conoceros en una cita en la que, sin lugar a dudas, saltarán chispas. Mientras tanto, has pasado dos semanas fantaseando con una persona con la que te has comunicado únicamente a través de una aplicación.

A lo largo de esas dos semanas recibes algunos mensajes, pero nada importante. Pero dichos mensajes no se parecen en nada a los que has recibido antes de que se fuera de viaje. A pesar de todo, piensas: «No pasa nada, recuperaremos el tiempo perdido cuando nos conozcamos. Está ocupado/a. Y yo también lo estoy, aunque definitivamente yo encontraría tiempo para verlo/a. ¡Hmmm! —te dices a ti mismo, o le comentas a un amigo—, me había dicho que volvería el día 13 y que nos veríamos el 16, pero hoy ya es 15 y no tengo noticias suyas. Debería mandarle un mensaje. Me imagino que debe de haber estado muy ocupado/a al volver al trabajo después de estar ausente durante dos semanas». De manera que le envías un mensaje, y rápidamente recibes una respuesta. Buena señal. No obstante, el contenido es decepcionante: «Hola, gracias por escribirme. He estado tan estresado/a con el trabajo que olvidé completamente que habíamos hecho planes para encontrarnos mañana por la noche. Te escribo pronto para concertar una nueva cita. Gracias».

¿Qué es lo que ha sucedido? ¿Y por qué estás tan decepcionado después de haber recibido el mensaje? Es muy fácil dejarse atrapar por lo que fantaseamos sobre una persona y sobre la relación que podríamos tener con ella, basándonos exclusivamente en un intercambio de mensajes divertido. En este caso nos desentendemos de la situación real: tú no conoces a esa persona. De hecho, es sorprendente comprobar cuántas de estas conexiones que parecen tan promisorias a través de los mensajes terminan antes de que ambas partes puedan conocerse en persona. Hay quien aprecia la facilidad con la que pueden tener un subidón de dopamina por el mero hecho de utilizar una aplicación de citas y encontrar a alguien con quien podrían emparejarse. Es posible que la otra persona quiera comprobar únicamente si todavía sigue siendo atractiva para alguien. Tal vez no desee nada más que eso. Y tú no sabrás qué es lo que quiere si no se lo preguntas. Entonces, ¿cómo evitas caer en esta trampa?

Antes que nada, piensa en lo que tú deseas. Si lo que prefieres es tener una relación en la vida real, entonces necesitas especificar qué es lo que estás dispuesto a aceptar en el intercambio de mensajes. Por ejemplo, podrías establecer que después de cinco intercambios de mensajes positivos a lo largo de seis días diferentes, lo que quieres es hablar (ya has enviado unos cuantos mensajes en los que le comunicas a la otra persona que lo que te apetece es hablar). De manera que el siguiente paso debería ser comunicarse a través de una llamada telefónica, a menos que estés preparado para conocerla personalmente. Necesitas una información que solo puedes obtener en una cita presencial. Si la otra persona se muestra reacia a tener una cita, entonces ya tienes una información importante. Es probable que no tengáis los mismos objetivos. No dejes que te den largas a través de los mensajes.

Una química innegable

La atracción física y la química asociada a ella a menudo no nos permiten tener en cuenta otros aspectos que no son tan positivos. Todos hemos visto comedias románticas en las que dos personas con diferentes orígenes y estilos de vida, y sin ninguna afición en común, superan todos los obstáculos para estar juntas porque su atracción mutua es lo único que importa. El resto llegará con el tiempo. Ese tipo de películas nos gustan mucho. Nos dan esperanza. La cuestión es que es muy fácil perder de vista nuestros propios valores, intereses y objetivos cuando sentimos una fuerte atracción por alguien. Esto no es diferente a la «intensidad» de la que hemos hablado en el capítulo cinco.

Debido a nuestro deseo de estar con esta persona puede suceder que, consciente o inconscientemente, nos abstengamos de hacer preguntas porque en realidad no queremos conocer la respuesta. No es nada extraño para mí escuchar que alguien dice querer mantener una relación monógama a largo plazo, a pesar de ignorar lo que desea la otra persona. ¿Qué escribió esa persona en su perfil sobre lo que está buscando? «No lo sé». Vale, eso no es lo mismo que algo informal, aunque podría serlo, y podría estar más próximo a eso que a una relación a largo plazo. Si esto es importante para ti, deberías preguntárselo. Al no formular la pregunta, lo que haces es priorizar las necesidades y deseos de la otra persona, que prácticamente es una desconocida. Respétate a ti mismo, respeta tus valores y haz esa pregunta. Quítate la venda de los ojos. Si la respuesta que recibes no concuerda con tus expectativas, sigue adelante con tu vida.

Excusas... excusas

Si has crecido en una familia en la que alguno de los adultos luchaba con una adicción o con un problema de salud mental, probablemente hayas tenido que soportar una y otra vez una conducta errática o contradictoria sucedida por una disculpa, una promesa o un cambio de conducta. Una situación que no dejaba de repetirse. O tal vez hayas crecido en una familia en la que la comunicación era inconsistente o no era sana. Quizás te hayas sentido ignorado, o incluso paralizado, cuando la persona que te cuidaba se enfadaba contigo. Es probable que no hayas comprendido qué habías hecho mal y que no te ofrecieran la oportunidad de reparar tu conducta. Tenías que limitarte a esperar que a esa persona se le pasara el enfado y decidiera volver a dirigirte la palabra. Este tipo de experiencias tempranas en las relaciones pueden hacerte adquirir el patrón de aceptar una conducta que en otras circunstancias no aceptarías.

Tomar conciencia de tus propios valores referidos a las relaciones será de gran ayuda para no quedarte entrampado en un ciclo que no te permitirá encontrar la relación sana que te mereces. Es esencial que expreses lo antes posible lo que para ti es importante: «Yo realmente valoro la buena comunicación. Funciono mejor cuando hay continuidad». ¿Te produce ansiedad el mero hecho de pensar en expresar lo que necesitas a una persona a la que acabas de conocer? Eso es normal. Puede resultar incómodo pedir lo que es razonable y, sobre todo, lo que necesitas. No creas que más adelante te resultará más fácil. ¿Acaso estás dispuesto a tolerar dos meses de comunicación inconsistente antes de abrir la boca? La otra persona siempre tendrá alguna excusa: «Tuve que hacer un viaje de negocios», «Solo necesitaba un poco de tiempo de descanso» o «Tengo amigos de visita en casa». Es indiferente lo que te diga. La realidad es que no pone interés en satisfacer tus necesidades o no es capaz de hacerlo. Es mejor que lo descubras cuanto antes para poder seguir con tu vida. No permitas que las excusas de los demás sean un obstáculo para tu felicidad.

Realidad frente a fantasía

Mantener los pies en la tierra es difícil cuando se trata del amor, específicamente de las relaciones íntimas. Es fácil dejarse llevar e ignorar la verdad, porque algunas veces puede aguarnos la fiesta.

Lleva una agenda para registrar las experiencias que tienes en tu nueva relación. No es extraño que un cliente me diga que ha estado saliendo con alguien durante dos meses, y cuando le sugiero que mire su agenda, o cuando yo miro mis notas, en realidad constato que apenas han pasado tres semanas. «¡Vaya!, parecía que había pasado más tiempo, es como si nos conociéramos desde hace meses». Esa puede ser una sensación maravillosa. Sin embargo, el paso del tiempo también aumenta las expectativas. Así que es posible que la cantidad de tiempo que hace que os conocéis no se corresponda con tus expectativas y empieces a decepcionarte. «Creo que ha llegado el momento de hablar sobre tu deseo de tener una relación exclusiva». Una vez más, una conversación sobre el tema de la exclusividad no supone ningún problema, pero ¿cuánto conoces a esta persona? Por lo tanto, debes tener conciencia del paso del tiempo.

Otra razón para tener una agenda es poder hacer un seguimiento de los momentos que habéis compartido. Salir durante tres meses con alguien parece una cantidad de tiempo razonable para conocerlo más, pero si únicamente has tenido tres citas en tres meses, la cantidad de tiempo compartido en realidad no puede utilizarse como una medida para saber cuánto conoces a esa persona o cuánto ella te conoce a ti. Quieres tomar decisiones responsables y fundamentadas sobre tus relaciones. Si solo has tenido unas pocas citas a lo largo de varios meses, entonces quizás te apetezca analizar las razones por las cuales no estáis pasando más tiempo juntos. ¿Acaso la persona que has conocido no está disponible? ¿Está demasiado ocupada? En ese caso, analiza todos estos factores a la luz de tus propios valores. Si te preocupa la cantidad de tiempo que pasas con ella y detectas signos de que no sería capaz de dar prioridad a tus necesidades si mantuvierais una relación, deberías considerar que podría no ser la persona adecuada para ti.

A lo largo de todo el libro te hemos animado a escribir en tu diario. Nos gustaría poner más énfasis en la importancia de hacerlo durante las primeras etapas de una relación. He aquí algunos de los beneficios que reporta esta práctica:

- Ayuda a reducir el nivel de ansiedad, que puede incrementarse debido a la incertidumbre y la ambigüedad inherentes a la experiencia de salir con alguien.
- Ayuda a romper el ciclo de pensamientos obsesivos, que también es normal durante este periodo en el que impera lo desconocido.
- Mejora la conciencia y la percepción de los acontecimientos. Esto se conecta con la sugerencia de mantener una agenda: es importante que tengas claro qué es lo que está sucediendo en la realidad, en comparación con lo que tú deseas que ocurra.
- Ayuda a regular las emociones y mejora el estado anímico general. Esto también es un gran antídoto para la montaña rusa de emociones que suscita la experiencia de estar saliendo con alguien.

Mientras estás conociendo a alguien, sé muy consciente de los tipos de personas y conductas tóxicas que has identificado en el capítulo cuatro. Es tan fácil quedar atrapado por la novedad de una relación que muchas veces no consigues percibir que determinadas conductas son tóxicas. Una vez más, apuntarlo en tu diario te trae de nuevo a la realidad. Y si tienes un amigo en el que puedes confiar, pídele que te ayude a mantenerte fiel a ti mismo. Después de todo, se trata de eliminar patrones largamente arraigados que dan lugar a relaciones basadas en vínculos traumáticos, relaciones tóxicas o personas tóxicas. Usa mindfulness para estar en el momento presente y poder evaluar tu experiencia *actual* con una lente que te permita tener una visión clara, y no con una lente distorsionada por tus creencias fundamentales.

Después de revisar las trampas que son inherentes al mundo de las citas, ¿eres más consciente de algunos tipos de personas y situaciones que te hacen sentir vulnerable? ¿Te gustaría prestar más atención a esas personas y situaciones con el propósito de evitar las trampas y responder a los factores desencadenantes con acciones reflexionadas y acordes con los valores?

Plan de acción frente a una persona que provoca que tus emociones se disparen

Responde a las preguntas para cada tipo de persona que hace que tus emociones se disparen (McKay *et al.* 2013). Comienza por la que más emociones fuertes te provoque.

Persona que provoca que tus emociones se disparen (describe el tipo de persona o escribe su nombre si se trata de una persona específica):

1. ¿Cuál es la creencia fundamental que se ha activado?
2. ¿Qué situaciones desencadena esta creencia fundamental?
3. ¿Qué pensamientos específicos surgen cuando se activa esta creencia fundamental?
4. ¿Qué sensaciones experimentas cuando se activa esta creencia fundamental?
5. ¿Qué es lo que sientes cuando se activa esta creencia fundamental?
6. ¿Cuál es tu conducta de afrontamiento cuando se activa esta creencia fundamental?
7. ¿Cuáles son tus valores específicos en esta relación? ¿Qué tipo de persona quieres ser en esta relación, independientemente del resultado?
8. ¿Qué acción basada en tus propios valores puedes realizar en respuesta a la conducta que ha desencadenado tus emociones?

¿Te ha ayudado este ejercicio a tomar conciencia de lo fácil que es caer en viejos patrones de conducta que te alejarán aún más de tus valores? Es mucho más sencillo responder de acuerdo con tus valores cuando concibes un plan de acción.

Veamos las respuestas de Prema sobre el plan de acción frente a una persona que provoca que tus emociones se disparen.

Persona que provoca que tus emociones se disparen: *Alguien que no se comunica regularmente.*

1. ¿Cuál es la creencia fundamental que se ha activado? *Abandono y privación emocional.*
2. ¿Qué situaciones desencadena esta creencia fundamental? *Cuando la persona con la que estoy saliendo pasa varios días sin comunicarse conmigo o no responde a mis mensajes en un plazo oportuno.*
3. ¿Qué pensamientos específicos surgen cuando se activa esta creencia fundamental? *¿Por qué es tan difícil dedicar un minuto de tu vida a enviar un mensaje de texto o hacer una llamada telefónica rápida? ¿Por qué no quiere hablar conmigo? ¿Qué hay de malo en mí? ¿Por qué siempre se repite la misma situación?*
4. ¿Qué sensaciones experimentas cuando se activa esta creencia fundamental? *Tengo una sensación de vacío en la boca del estómago; siento ansiedad; no me puedo concentrar.*

5. ¿Qué es lo que sientes cuando se activa esta creencia fundamental? *Siento que no soy digno de ser amado, y que no soy importante.*

6. ¿Cuál es tu conducta de afrontamiento cuando se activa esta creencia fundamental? *Puedo hacer una llamada o enviar un mensaje de texto por el que la otra persona puede pensar que soy patético.*

7. ¿Cuáles son tus valores específicos en esta relación? *La honestidad, la comunicación y límites sanos.* ¿Qué tipo de persona quieres ser en esta relación, independientemente del resultado? *Quiero ponerme en primer lugar. Quiero demostrar que merezco ser valorado y respetado.*

8. ¿Qué acción basada en tus propios valores puedes realizar en respuesta a la conducta que ha desencadenado tus emociones? *Decirle a la otra persona que, aunque puedo entender todas las razones por las cuales no se ha puesto en contacto conmigo, yo necesito una comunicación regular para tener la relación que deseo y merezco.*

Seguimos adelante

Es posible que una parte de ti todavía crea, consciente o inconscientemente, que te merecías la forma en que te trataron en tu infancia y adolescencia, en tus relaciones pasadas y también en las actuales. ¡No lo merecías! Esperamos que las palabras de estas páginas te ayuden a comprender que mereces ser aceptado y amado. Cuando llegas a entender lo que te ha sucedido, puedes amarte a ti mismo. Y cuando puedes amarte, estás mejor equipado para elegir a personas que sean capaces de ofrecerte el amor que necesitas y que eres digno de recibir. Entonces, serás capaz de reconocer las conductas ajenas que no reflejan el amor que mereces.

Ahora estás emprendiendo un nuevo camino que te llevará a esas relaciones amorosas sanas que tanto anhelas y mereces. En estas páginas se ha trazado un mapa que hemos ido configurando a lo largo del libro. Contienen gran cantidad de información, pero no es necesario que recuerdes todo lo que has leído. Es probable que después de realizar todos los ejercicios entiendas mejor cuáles son los desafíos potenciales. Préstales atención. Apúntalos en tu diario. Vuelve a ellos con frecuencia para recordarte que eres capaz de superar cualquier obstáculo. El siguiente capítulo es una guía para crear un mapa específico para tus necesidades.

CAPÍTULO 11

Un mapa para recorrer tu nuevo camino

A lo largo del camino que te permitirá liberarte de los vínculos traumáticos, acabar con las relaciones tóxicas y crear apegos sanos, encontrarás tanto obstáculos como oportunidades para tu crecimiento. Para evitar desviarte de tu camino debes seguir tomando conciencia de las situaciones que te provocan emociones intensas y de las conductas automáticas con las cuales respondes a los factores desencadenantes. También querrás aprender conductas nuevas y útiles que favorezcan las relaciones y los apegos sanos. Mientras lees este capítulo final deberías recopilar en tu diario toda la información que pueda servirte como un mapa, o una guía, para cuando necesites recordar las habilidades y los conocimientos necesarios para seguir avanzando. Vamos a revisar temas y ejercicios de los que ya hemos hablado en capítulos anteriores, con el fin de ayudarte a crear tu propio mapa.

Comienza a crear un mapa en una nueva sección de tu diario. Vamos a empezar por el principio. En el capítulo uno hablamos del *estilo de apego* y del *temperamento*, dos de los elementos fundamentales que te hacen ser como eres y te orientan a la hora de tomar decisiones sobre tus relaciones afectivas. ¿Cuáles de las afirmaciones que tienen un impacto sobre las relaciones o la conducta, en términos de tu estilo de apego, fueron importantes para ti? ¿Cuáles de las características de tu temperamento, como puede ser tu capacidad de adaptación, son más relevantes a medida que se acerca una cita? Apúntalas en tu diario.

En el capítulo dos analizamos las *creencias fundamentales,* creencias sobre tu propia persona y sobre tus relaciones con los demás, que en parte se formaron como resultado de experiencias disfuncionales que tuvieron lugar en tu infancia. Nos centramos en las creencias fundamentales asociadas a las relaciones basadas en vínculos traumáticos, que incluyen el abandono, la desconfianza y el maltrato o abuso, la privación emocional, la imperfección, la dependencia, el fracaso, y el sometimiento. Has hecho evaluaciones para cada una de ellas con el fin de determinar cuál de todas tiene incidencia en tu vida. Escribe en tu mapa las afirmaciones de las creencias fundamentales que suelen ser importantes cuando te sientes desbordado por tus emociones o en situaciones desencadenantes para ti. Tu comprensión te ayudará a liberarte de las situaciones tóxicas.

En el capítulo tres has podido entender mejor cómo interactúan tu estilo de apego, tu temperamento y tus creencias fundamentales para influenciar tus conductas. Has conseguido identificar y empezar a entender tus *conductas de afrontamiento*. Ahora, cada vez que en tu relación amorosa se produzca una situación que desencadena emociones intensas, vuelve a hacer el siguiente ejercicio, que ya debería resultarte familiar.

Cuando te sientas emocionalmente desbordado, este ejercicio te dará la oportunidad de analizar la situación desencadenante. Así serás capaz de identificar la creencia fundamental que se ha activado, tu respuesta automática de afrontamiento y el resultado, es decir, lo que sucede como efecto de tu conducta. En esta fase podríamos hablar de una «consecuencia», porque se interpone en el camino que te conduce hacia una relación sana. Comprender que tu respuesta de afrontamiento te mantiene estancado en una relación basada en vínculos traumáticos es un gran paso hacia el cambio.

Situación asociada con una relación afectiva:

Creencia fundamental desencadenada:

Respuesta de afrontamiento:

Resultado o consecuencia:

Para ver ejemplos de este ejercicio, vuelve al capítulo tres.

En el capítulo cuatro hemos mencionado diversas *trampas de las relaciones basadas en vínculos traumáticos*. Te has confrontado con el hecho de que probablemente busques de manera inconsciente parejas o experiencias que refuerzan los miedos derivados de tu trauma. Has identificado roles y guiones familiares vividos en la infancia, que todavía siguen presentes en tu vida adulta. Para ampliar este conocimiento, apunta en tu mapa los tipos de personas tóxicas por las que te sientes atraído. Observa las conductas tóxicas que los demás tienen contigo, así como también las conductas en las que tú puedes incurrir. Consulta las listas del capítulo cuatro para completar este ejercicio.

En el capítulo cinco analizamos la tensión que hay entre *intensidad* e *intimidad*. Muchas personas que están bloqueadas en relaciones basadas en vínculos traumáticos confunden la intensidad con la intimidad. En este capítulo hablamos de las características inherentes a una relación íntima, como pueden ser la seguridad, la paciencia, el respeto y la resolución sana de conflictos. Esto puede parecer muy ambicioso cuando te sientes atrapado en una relación tóxica. Sin embargo, ahora estás en el camino hacia la sanación. Te estás preparando para pasar de una relación basada en vínculos traumáticos a una relación cariñosa y duradera. Apunta en tu mapa las cualidades que son más importantes para ti en una relación íntima, cualidades que te llenan de esperanza y te hacen sentir entusiasmo por tu futuro. Una vez que lo hayas hecho, identifica entre las personas de tu entorno a las que representan esas cualidades sanas. Y si no se te ocurre nadie, ¿hay alguna relación que admires y que represente una o más de esas cualidades? Puede ser una relación real o ficticia.

En el capítulo seis hablamos de la importancia de los *valores*. Tus valores son una guía para cómo quieres comportarte, tratar a los demás, tratarte a ti mismo, y que los demás te traten, mientras intentas que en tus relaciones afectivas se tengan en cuenta tus necesidades. Escribe en tu mapa los valores que son más importantes para ti y también los que son especialmente relevantes cuando estás conociendo a alguien o en una relación reciente. Si esas dos listas se solapan, eso es una buena noticia porque demuestra que estás intentando aplicar tus valores esenciales en tus nuevas relaciones.

En el capítulo siete analizamos profundamente la *comunicación* y la función que tiene en las relaciones. Hablamos de los patrones de comunicación que no son sanos, incluyendo los bloqueos a la hora de escuchar. Escribe en tu mapa los bloqueos que tienden a interponerse en el camino hacia una comunicación sana. Los bloqueos en la comunicación incluyen leer la mente, filtrar, calmar, discutir, juzgar y comparar. De esta forma puedes tomar conciencia de los obstáculos más comunes para una comunicación eficaz. Si tienes dificultades para poner límites, escribe una nota en la que expliques qué límites son importantes para ti y las estrategias que te parecen eficaces para mantenerlos, especialmente cuando sientes que te están poniendo a prueba o cuando te sientes emocionalmente desbordado.

En el capítulo ocho analizamos el mindfulness y lo describimos como una herramienta para eliminar patrones negativos que te permite tomar conciencia de lo que vives momento o momento. Cuando te sientes agobiado debido a que una situación o persona te ha desencadenado emociones fuertes, recurre al mindfulness para hacer una pausa. Vuelve a leer el capítulo ocho para poner en práctica varios ejercicios de mindfulness, como por ejemplo un paseo al aire libre. Aquí vamos a destacar un ejercicio diario que puedes practicar cada vez que necesites sentirte más seguro, aunque solo sea durante unos pocos minutos. Puedes apuntarlo en tu mapa.

Este ejercicio de mindfulness solo te llevará cinco minutos. Utiliza un temporizador. Siéntate cómodamente en una silla o túmbate si lo prefieres. Cierra los ojos. Presta atención a tus pensamientos. Cuando uno de ellos atraviese tu mente, obsérvalo sin juzgarlo ni criticarlo y sin intentar modificarlo. Comprobarás que los pensamientos pasan como hojas que flotan en un arroyo, nubes moviéndose a través del cielo o maletas dando vueltas sobre una cinta transportadora. Quizás estés pensando que es difícil quedarse con un pensamiento, porque los pensamientos van y vienen. Tal vez adviertas que estás dejándote llevar por los juicios —es decir, tiendes a aceptar los pensamientos positivos— o que estás deseando apartar los pensamientos desagradables. Limítate a concentrar tu atención en observar tus pensamientos sin juzgarlos.

Realizar este ejercicio de mindfulness de manera regular (lo ideal es hacerlo por la mañana) te ayudará a alejarte de los pensamientos relacionados con tus creencias fundamentales. Comienza por cinco minutos y aumenta paulatinamente hasta llegar a diez. En cuanto hayas terminado tu práctica matutina de mindfulness, observa si eres capaz de mantener la atención, la receptividad y la aceptación de la experiencia a lo largo de toda la jornada.

En el capítulo nueve analizamos de qué manera puedes *procesar la pérdida* de tu relación y aceptar tu *proceso de duelo* sin juicios. Identifica en qué etapa del duelo te encuentras —si eso es lo que estás viviendo— para poder tomar conciencia de lo que podría estar funcionando de manera inconsciente.

Darte cuenta de tus sentimientos de pérdida y duelo es muy importante para reconocer tus conductas y patrones mentales perjudiciales.

En el capítulo diez destacamos las estrategias para identificar parejas potenciales y también ofrecemos sugerencias y herramientas que te ayudan a superar los obstáculos que pueden surgir cuando conoces a alguien. Identifica las situaciones que más te resuenan. Escríbelas en tu diario para usarlas como referencia cuando estés en los momentos iniciales de una relación, con el propósito de evitar las trampas habituales y estar preparado para responder adecuadamente a las situaciones o personas que hacen que tus emociones se disparen. Es muy fácil perder de vista tus propios valores cuando te distraes porque alguien nuevo ha entrado en tu vida.

Seguimos adelante

Piensa en las relaciones y las experiencias que te condujeron hasta este libro. Con todo lo que has descubierto sobre tu propia persona, ¿en qué ha cambiado tu forma de ver tus relaciones y experiencias? ¿Qué nuevas relaciones y experiencias desearías encontrar en el siguiente capítulo de tu vida? ¿Cómo seguirás tomando conciencia de los tipos tóxicos y las trampas que pueden aparecer en tus relaciones? Cuando sientes que tus emociones se están desbocando, es tentador abandonar el camino y volver a comportarte y a gestionar las situaciones como lo hacías en el pasado. Las herramientas que has conocido en este libro te ayudarán a mantenerte centrado y a responder con una conducta sana cuando tengas que afrontar situaciones complicadas. Sabemos que este nuevo camino no siempre será sencillo, pero tenemos la esperanza de que consideres el valor que tiene el trabajo en el que ya estás embarcado y confíes en tu capacidad para seguir avanzando.

Agradecimientos

El camino desde *Love Me, Don't Leave Me* hasta *¿Por qué no puedo dejarte ir?*

Desde la publicación de *Love Me, Don't Leave Me* he recibido innumerables correos electrónicos de lectores de todo el mundo. Gracias a esos correos, y también a mi práctica como terapeuta y *coach*, comprendí que todas las personas con una creencia fundamental de abandono tienen experiencias comunes cuando se enfrentan a una amenaza de abandono: emociones intolerables, pensamientos negativos, conductas basadas en el miedo y conflictos en las relaciones. Cuando en mi libro *Love Me, Don't Leave Me* abordé el tema de las trampas y los factores desencadenantes que se producen en las relaciones, no pude pasar por alto la necesidad de analizar más profundamente las relaciones —específicamente las que son tóxicas y las que están basadas en vínculos traumáticos—, que han sido un tema común entre mis lectores y clientes. *¿Por qué no puedo dejarte ir?* no hubiera existido sin vosotros. Vuestro coraje, vuestra capacidad para ser vulnerables y vuestros deseos de tener una relación amorosa sana —a pesar de los obstáculos que habéis superado y con los que todavía estáis luchando— me impresionan e inspiran constantemente. Gracias por compartir vuestras historias conmigo. No estáis solos, y sois amados.

La idea para este libro comenzó a tomar forma durante una visita que Kelly y yo hicimos a Matt y Jude McKay en su casa de campo durante los días de distanciamiento social en la pandemia de la covid-19. Cierto día que estábamos sentados al aire libre, les conté la idea que tenía para esta obra. Todos estuvieron de acuerdo en que era un libro necesario y un complemento natural para *Love Me, Don't Leave Me.* En un determinado momento Matt miró a Kelly y le dijo: «Deberías escribirlo con ella». Y aquí estamos.

Gracias, Matt, por ser tan inspirador y brindarnos tu apoyo en todo momento. Nuestros intereses comunes nos reunieron como profesor/mentor y alumna, y los valores (y las creencias fundamentales) que compartimos nos han unido en una hermosa amistad. Gracias por creer siempre en mí, incluso cuando yo no creo en mí misma.

Este libro no sería lo que es sin Elizabeth Hollis Hansen, directora de adquisiciones, y Vicraj Gill, editor principal de New Harbinger Publications. ¡En realidad, nunca hubiera alcanzado la recta final sin ellos! Kelly y yo estamos muy agradecidas por vuestros sabios consejos, paciencia y atención al detalle a lo largo de todo este proceso. Y también un saludo muy especial para Gretel Hakanson, que aportó una mirada fresca y su extraordinaria experiencia en edición, que tanto necesitábamos.

¿Cómo puedo agradecer a mi coautora e hija, Kelly? Este es el tercer libro que escribimos juntas. El primero de ellos, *Communication Skills for Teens* [Habilidades de comunicación para adolescentes], lo empezamos cuando ella estaba en el instituto; *Just as You Are* [Tal y como eres], mientras estudiaba en la universidad, y este libro mientras prosperaba en su carrera. En esa época no tenía mucho sentido que se involucrara en un proyecto que requería invertir mucho tiempo, pero por sus valores (y también un poco de presión por parte de Matt y mía) accedió a participar. En algunos momentos la tarea fue estresante y nos apoyamos en nuestras habilidades de comunicación, específicamente la escucha activa, las aclaraciones y los comentarios, para superar dichos momentos. Pero también lo pasamos muy bien trabajando juntas escribiendo un libro que fue concebido para aliviar parte del sufrimiento inherente a los vínculos traumáticos y las relaciones tóxicas. Gracias, Kelly, por ser exactamente quien eres. No podría quererte más.

Abrazos de corazón,

Michelle

Con frecuencia me río cuando les cuento a las personas que hay en mi vida que escribo libros de autoayuda con mi madre. Ciertamente, no es la típica actividad que vincula a una madre y una hija. Pero nuestra colaboración responde a la fortaleza y a la naturaleza multifacética de nuestra relación, así como también a nuestra pasión compartida de servir a los demás. Nos parece increíblemente valioso compartir con lectores de todo el mundo lo que más amamos en la vida (amor y conexión) y las circunstancias que suponen retos importantes (trauma, duelo y pérdida). En los momentos en los que te sientas solo, recuerda que estamos al otro lado de la página, enviándote compasión y apoyo.

Gracias por recorrer este camino con nosotras,

Kelly

Recursos adicionales

Trauma

The Betrayal Boud: Breakiug Free of Exploitative Relationships, de Patrick J. Carnes.

El cuerpo lleva la cuenta: cerebro, mente y cuerpo en la superación del trauma, de Bessel van der Kolk.

Apego

Maneras de amar: la nueva ciencia del apego adulto y cómo puede ayudarte a encontrar el amor y conservarlo, de Amir Levine y Rachel S. F. Heller.

Love Me, Don't Leave Me: Overcoming Fear of Abandonment and Building Lasting, Loving Relationships, de Michelle Skeen.

Creencias fundamentales

Reinventa tu vida: cómo superar las actitudes negativas y sentirse bien de nuevo , de Jeffrey E. Young y Janet S. Klosko.

Conductas de afrontamiento

Miedo: vivir en el presente para superar nuestros temores, de Thich Nhat Hanh.

The Interpersonal Problems Workbook: ACT to End Painful Relationship Patterns, de Matthew McKay, Patrick Fanning, Avigail Lev y Michelle Skeen.

User's Guide to the Human Mind: Why Our Brains Make Us Unhappy, Anxions, and Neurotic and What We Can Do About It, de Shawn T. Smith.

Eliminar hábitos problemáticos

La mente ansiosa: de los cigarrillos a los teléfonos móviles. Y hasta el amor. Por qué nos hacemos adictos y cómo podemos terminar con los malos hábitos, de Judson Brewer.

La disciplina marcará tu destino, de Ryan Holiday.

Valores

Cuatro mil semanas: gestión del tiempo para mortales, de Oliver Burkeman.

Crear una comunicación sana

El arte de comunicar, de Thich Nhat Hanh.

Comunicación no violenta. Un lenguaje de vida, de Marshall B. Rosenberg.

Mindfulness

Diario para Estoicos: 366 reflexiones sobre la sabiduría, la perseverancia y el arte de vivir, de Ryan Holiday.

El milagro del mindfulness, de Thich Nhat Hanh.

La quietud es la clave, de Ryan Holiday.

Despertar: una guía para una espiritualidad sin religión, de Sam Harris Waking Up Meditation App con Sam Harris.

Duelo y pérdida

Anatomía del corazón: compasión budista para transformar tu vida, de Thupten Jinpa.

Neurociencia para vencer la depresión: la espiral ascendente, de Alex Korb.

When life Hits Hard: How to Transcend Grief, Crisis, and Loss with Acceptance and Commitment Therapy, de Russ Harris.

Amor y apegos sanos

La llamada del coraje. La fortuna favorece a los valientes, de Ryan Holiday.

El ego es tu enemigo, de Ryan Holiday.

El obstáculo es el camino, de Ryan Holiday.

Amor verdadero: el arte de la atención y la compasión, de Sharon Salzberg.

Referencias

Barkley, S. 2022. What is Repetition Compulsion? *PsychCentral*, 16 de septiembre. https://psychcentral.com/blog/repetition-compulsion-why-do-we-repeat-the-past.

BetterHelp Editorial Team. 2023. What Can a Temperament Test Tell Me About Myself, and Where Can I Take One? *BetterHelp*. Actualizado el 3 de abril de 2023. https://www.betterhelp.com/advice/temperament/what-does-a-temperament-test-tell-me-about-myself-and-where-can-i-take-one.

Bidjerano, T. 2011. Thomas and Chess Classification of Infant. En *Encyclopedia of Child Behavior and Development*, editado por S. Goldstein y J. A. Naglieri. Boston, MA: Springer.

Bratman, G. N., C. B. Anderson, M. G. Berman, B. Cochran, S. de Vries, J. Flanders, *et al.* 2019. Nature and Mental Health: An Ecosystem Perspective. *Science Advances* 5(7): eaax0903.

Carnes, P. J. 2019. *The Betrayal Bond: Breaking Free of Exploitive Relationships*. Deerfield Beach, FL: Health Communications.

Cherelus, G. 2023. «Ghosting», «Orbiting», «Rizz»: A Guide to Modern Dating Terms. *New York Times*, 11 de febrero. https://www.nytimes.com/2023/02/11/style/dating-terms-guide-ghosting-rizz.html.

Chess, S. y A. Thomas. 1996. *Temperament: Theory and Practice*. Nueva York: Routledge.

Conrad, M. 2023. What Is Gaslighting? Meaning and Examples. *Forbes*. Actualizado el 18 de mayo de 2023. https://www.forbes.com/health/mind/what-is-gaslighting.

Davis, D. M. y J. A. Hayes. 2011. What Are the Benefits of indfulness? A Practice Review of Psychotherapy-Related Research. *Psychotherapy 48*(2): 198-208.

Harris, R. 2021a. *Trauma-Focused ACT: A Practitioner's Guide to Working with Mind, Body, and Emotion Using Acceptance and Commitment Therapy*. Oakland, CA: Context Press.

————. 2021b. *When life Hits Hard: How to Transcend Grief, Crisis, and loss with Acceptance and Commitment Therapy*. Oakland, CA: New Harbinger Publications.

Harvard Health Publishing. 2022. The Power of Self-Compassion. *Harvard Medical School*. 2 de febrero. https://www.health.harvard.edu/healthbeat/the-power-of-self-compassion.

Johns Hopkins Medicine. n.d. Forgiveness: Your Health Depends on It. *Johns Hopkins*. http://hopkinsmedicine.org/health/wellness-and-prevention/forgiveness-your-health-depends-on-it.

Korb, A. 2015. *Neurociencia para vencer la depresión. La espiral ascendente*. Editorial Sirio. Málaga.

McKay, M., M. Davis, y P. Fanning. 2009. *Messages: The Communication Skills Book*. Oakland, CA: New Harbinger Publications.

McKay, M., P. Fanning, A. Lev y M. Skeen. 2013. *The Interpersonal Problems Workbook: ACT to End Painful Relationship Patterns*. Oakland, CA: New Harbinger Publications.

McKay, M., A. Lev y M. Skeen. 2012. *Acceptance and Commitment Therapy for Interpersonal Problems: Using Mindfuluess, Acceptance, and Schema Awareness to Change Interpersonal Behaviors*. Oakland, CA: New Harbinger Publications.

Miller, K. D. 2019. 14 Benefits of Practicing Gratitude (Incl. Journaling). *Positive Psychology*, 18 de junio. http://positivepsychology.com/benefits-of-gratitude.

Nhat Hanh, T. 2012. *Miedo: vivir en el presente para superar nuestros temores*. San Francisco: HarperOne.

————. 2013. *El arte de comunicar*. San Francisco, CA: HarperOne.

Rosenberg, M. B. 2015. *Comunicación no violenta: un lenguaje de vida. Desarrolla habilidades para relacionarte en armonía con tus valores*. Gran Aldea Editores.

Salzberg, S. 2018. *Amor verdadero. El arte de la atención y la compasión*. Editorial Ámbar.

Simpson, J., W. S. Rholes y D. Phillips. 1996. Conflict in Close Relationships: An Attachment Perspective. *Journal of Personality and Social Psychology 71*: 899-914.

Skeen, M. 2014. *Love Me, Don't Leave Me: Overcoming Fear of Abandonment and Building Lasting, Loving Relationships*. Oakland, CA: New Harbinger Publications.

Smith, S. T. 2011. *The User's Guide to the Human Mind: Why Our Brains Make Us Unhappy, Anxious, and Neurotic and What We Can Do About It*. Oakland, CA: New Harbinger Publications.

van der Kolk, B. 2015. *El cuerpo lleva la cuenta. Cerebro, mente y cuerpo en la superación del trauma*. Editorial Eleftheria.

van Vreeswijk, M., J. Broersen y G. Schurink. 2014. *Mindfulness and Schema Therapy: A Practical Guide*. Hoboken, NJ: Wiley-Blackwell.

Yang, C., A. Barrós-Loscertales, M. Li, D. Pinazo, V. Borchardt, C. Ávila y M. Walter. 2019. Alterations in Brain Structure and Amplitude of Low-frequency After 8 Weeks of Mindfulness Meditation Training in Meditation-Naïve Subjects. *Scientific Reports 9*: 10977.

Young, J. E., y J. S. Klosko. 1994. *Reinventa tu vida. Cómo superar las actitudes negativas y sentirse bien de nuevo*. Ediciones Paidós.

Young, J. E., J. S. Klosko, y M. E. Weishaar. 2006. *Terapia de esquemas. Guía Práctica*. Editorial Desclee de Brouwer.

Sobre las autoras

Michelle Skeen es doctora en Psicología Clínica. Es autora de *Love Me, Don't Leave Me* y de otros seis libros. Su pasión es trabajar como *coach* para enseñar a crear y mantener relaciones sanas, mediante una toma de conciencia de las propias creencias fundamentales y los patrones de conducta asociados a ellas, que a menudo trabajan de un modo inconsciente para limitar nuestra conexión con los demás. Michelle sostiene que una educación temprana en los valores fundamentales y en la comunicación sana es esencial para triunfar en la vida. Con ese fin, Michelle y su hija, Kelly, escribieron juntas *Just As You Are* y *Communication Skills for Teens*.

Michelle finalizó su tesis posdoctoral en la Universidad de California, San Francisco y codesarrolló un protocolo validado empíricamente para el tratamiento de problemas interpersonales, que dio lugar a la publicación de dos libros: *Acceptance and Commitment Therapy for Interpersonal Problems* y *The Interpersonal Problems Workbook*. Los libros de Michelle han sido traducidos a treinta idiomas y su trabajo se ha mostrado en más de treinta publicaciones de todo el mundo. Para tener más información, visita su página web www.michelleskeen.com.

Kelly Skeen se graduó en Estudios Americanos, Educación y Español en la Universidad de Georgetown, Washington D. C. Es una profesional en el área de los museos y las galerías de arte, donde ha implementado fascinantes experiencias destinadas a promover la participación de los visitantes. Kelly es una experta en destilar conceptos complejos para hacerlos accesibles a públicos no expertos en la materia, incluidos los visitantes de los museos y los lectores de libros de autoayuda. Es coautora con su madre, Michelle Skeen, de los libros *Just As You Are* y *Communication Skills for Teens*. Si deseas tener más información, visita su página web www.kellyskeen.com.